王先云 著

小学语文学习评价研究

 吉林教育出版社

图书在版编目（CIP）数据

小学语文学习评价研究 / 王先云著. — 长春：吉
林教育出版社，2021.10
ISBN 978-7-5734-0166-3

Ⅰ.①小… Ⅱ.①王… Ⅲ.①小学语文课—教学研究
Ⅳ.①G623.202

中国版本图书馆CIP数据核字（2021）第195797号

小学语文学习评价研究　　　　　　　　　　　　　　　　王先云　著

责任编辑　韩　静　　　　　　　　　　　　　装帧设计　言之凿

出版　吉林教育出版社（长春市同志街1991号　　　邮编　130021）
发行　吉林教育出版社
印刷　北京政采印刷服务有限公司

开本　787毫米×1092毫米　1/16　印张　13　　字数　234千字
版次　2022年4月第1版　　印次　2022年4月第1次印刷
书号　ISBN 978-7-5734-0166-3
定价　45.00元

目 录

绪　论

2008年，我参加全国硕士研究生入学统一考试并顺利考入北京师范大学文学院，拜在张锐先生门下，攻读硕士学位。张锐先生是一位治学严谨的学者，他在指导我写硕士论文时强调：论文选题主观上要"四有"，即有一定的理论基础，有一定的教学经历和案例，有兴趣去探寻，有足够的时间与精力；客观上也要有"四有"，即教学上有需要，理论上有必要，价值上有分量，探索上有前景。

到底选什么题？这是从进入北师大读书就一直困扰我的问题。导师告诉我，作为一线教师，一定要扬长避短，发挥一线教师教学经验丰富的特长，并以此为切入点选择合适的题目。作为一名在一线从事语文教学的老师，我在工作实践中一直在思考课堂评价的有效性问题，借着攻读北师大教育学硕士的契机，比较系统地阅读了国内外关于教育教学评价方面的著作，对语文课堂教学评价特别是课堂即时评价有了更多的思考。

反复思考后，我将"小学语文课堂即时评价"作为研究方向，从论文的选题到研究的设计，从论文结构的建构到论文观点的提炼，从论文的初稿到多次修改，导师张锐先生一直对我进行悉心指导。他特别强调我们做研究要"实"，选题针对实际，可以在实际中验证；研究贴近实际，可以在实际中重复；结论符合实际，可以在实际中发展。经过导师的点拨，我将研究选题变更为"促进学习的小学语文课堂即时评价研究"，加上"促进学习的"，突出了及时评价的核心功能，也凸显了研究的基本主张。

以攻读硕士学位期间的研究为基础，我申报主持了海南省教育科学规划课题"小学语文课堂即时评价策略研究"，基于研究结论，在《新课程》《语文教学通讯》《新教育》《小学语文教学设计》等学术期刊上发表了《小学语文课堂即时评价的基本原则》《小学语文课堂即时评价优化策略》《语文教育机智在小学语文课堂即时评价中的运用策略》《美丽的小兴安岭教学及点评》等学术论文与教学设计，并出版了专著《课堂即时评价理论与实践》。

从教多年以来，我作为一线教师，发现从评价指标来看，当前对于听、说、读、写四种语文基本能力，由于评价方法与手段尤其是评价导向问题，往往仅重视读、写的评价，对听和说的评价重视不够，因此导致在教学和学习上对学生语文学习中的倾听的能力、朗诵演讲交流等能力的培养没有受到应有的重视。在学习方法、态度方面，我们往往只是重视学习结果，而对学习方法、态度、能力的评价与引导不够。

从评价活动的开展来看，小学语文课堂评价存在很多问题，主要体现在：（1）评价主体单一，教师是评价的主体，作为学习主体的学生被排斥在评价主体之外，在评价中处于被动状态；（2）评价内容单一，评价主要着眼于学生的认知领域，即课堂学习知识的掌握和运用，而对于学生在学习过程中表现出来的学习方法、学习习惯、学习态度、情感和价值观涉及不多；（3）评价语言空泛，主要表现在空泛的表扬充斥课堂，比如"真好""真棒""表扬他，啪，啪，啪"等，这样泛泛的评价不能紧扣教学目标，也不能紧扣具体的教学情境，缺乏具体理由和明确的指向性，评价语言空洞还表现在进行课堂评价时，教师过多重复学生的回答，导致课堂节奏慢、效率低下；（4）评价频率过高，受"好孩子是夸出来的""评价要以表扬为主"等观念的影响，学生在课堂只要稍有好的表现就会得到老师的鼓励和表扬。心理学研究表明，刺激强度过大不利于学生的学习，过于频繁的评价会导致学生的学习会依赖外界评价，而不能培养自身的判断标准以及学习动机。上面这些思考、观察和困惑成为我持续进行研究的动力，教育学硕士毕业后，我对小学语文课堂评价的研究并没有停止。2018年，经过层层选拔，我进入教育部首期名师领航班学习。我的培养基地是上海师范大学，我决定继续开展小学语文评价研究。基于前期课堂即时评价的微观研究，我决定在更加广阔深厚的基础上进行小学语文即时评价研究，为此确定了"小学语文学习评价研究"这个研究主题。

从国家政策上看，国家一贯重视对学习评价的改革，并充分认识到评价存在的问题。本世纪出台的《教育部关于积极推进中小学评价与考试制度改革的通知》（教基〔2002〕26号）指出："现行中小学评价与考试制度与全面推进素质教育的要求还不相适应，突出反映在强调甄别与选拔功能，忽视改进与激励的功能；注重学习成绩，忽视学生全面发展和个体差异；关注结果而忽视过程，评价方法单一；尚未形成健全的教师、学校评价制度等。"《教育部关于推进中小学教育质量综合评价改革的意见》（教基二〔2013〕2号）指出："教育质量评价具有重要的导向作用，是教育综合改革的关键环节。但总体上看，由于教育内外部多方面的原因，单纯以学生学业考试成绩和学校升学率评价中小学教育质量的倾向还没有得到根本扭转，突出表现为：在评价内容上重考试分数忽视学生综合素质和个性发展，在评价方式上重最终结果忽视学校进步和努力程度，在评价结果使用上重甄别证明忽视诊断和改进。这些问题严重影响了学生的全面发展、健康成长，制约了学生社会责任感、创新精神和实践能力的培养。"2020年中共中央、国务院出台的《深化新时代教育评价改革总体方案》认为"教育评价事关教育发展方向，有什么样的评价指挥棒，就有什么样的办学导向"，要求"各级党委和政府要坚持正确政绩观，不得下达升学指标或以中高考升学率考核下一级党委和政府、教育部门、学校和教师，不得将升学率与学校工程项目、经费分配、评优评先等挂钩，不得通过任何形式以中高考成绩为标准奖励教师和学生，严禁公布、宣传、炒作中高考'状元'和升学率。对教育生态问题突出、造成严重社会影响的，依规依法问责追责"。

在充分认识到评价改革的必要性的同时，国家呼吁加强评价研究，多种方式进行评价改革。《教育部关于推进中小学教育质量综合评价改革的意见》（教基二〔2013〕2号）指出："将中小学教育质量评价纳入有关人文社科重点研究基地的研究范围。教育部建立评价资源平台，组织专业机构开发科学的评价工具，促进资源共享。"《教育部等九部门关于印发中小学生减负措施的通知》（教基〔2018〕26号）指出："克服片面评价倾向。地方各级人民政府严禁给教育行政部门和学校下达升学指标，或片面以升学率评价教育行政部门和学校；不得将升学情况与考核、绩效和奖励挂钩。加强舆论宣传引导。严禁各类新闻媒体炒作考试成绩排名和升学率，不得以任何形式宣传中高考状元；多层次多角度宣传科学教育理念，引导家长和社会转变观念，努力破除'抢跑文化''超前教育''剧场效应'等功利现象，营造良好育人氛围。妇联组织要做好家庭教育指导，促进家长做好学生减负有关工作。"

第一章

小学语文
学习评价现状调查

本章从评价目的、评价作用的发挥、小学语文教师常用的学习评价类型、评价方法的使用、学习评价面临的挑战等方面，基于调查数据分析了小学语文学习评价的现状。

第一节　调查的设计与实施

2001年中华人民共和国教育部制定颁发的《全日制义务教育语文课程标准（实验稿）》（以下简称《课程标准》）的课程总目标和阶段目标对学生语文学习"评价什么"做了明确的规定，总结起来包括"三维五域"，"三维"即语文学习评价要从"知识与能力""过程与方法"以及"情感态度价值观"三个维度进行，"五域"是指语文学习评价的内容涵盖语文学习的五个领域即"识字与写字""阅读""写作""口语交际"和"综合性学习"。[①]对语文学习评价进行调查的相关学者们基于此设计使用了不同的问卷，关注了不同的调查对象。

许丁允针对五年制大专语文教师和五年制大专生对语文学习评价的态度与期待编制了两份调查问卷，问卷从语文学习评价方式、评价内容、评价生成三个方面进行调查。在对教师评价方法的问题中，主要提到了教师、学生、家长三大主体为主的评价形式，评价方法有课堂提问和观察、纸笔测验、实践性活动表现，评价方式包括肢体动作、口头语言、书面语言、物质奖励；在教师的语文学习评价内容中，主要问及评价内容选择依据，以及作业和书面考题设置的内容倾向和形式；在评价生成方面主要询问了书面评语、口头语评价两类型评价的问题。[②]

田甜在研究高中语文学习评价时，对教师学习评价的调查问卷主要包括

---

① 李金云.语文学习评价研究［D］.兰州：西北师范大学，2003.

② 许丁允.五年制大专生语文学习评价研究［D］.西安：陕西师范大学，2015.

评价内容（学习过程、学习结果、课堂表现、课外活动；听说读写、综合性学习）、评价依据、评价目的、评价方式、评价形式、评价反思等方面。①高芳才在对中学语文学习评价的实践探索中借用了《学生发展性评价的操作与案例》来搭建教师学习评价的工具，关注教师对学生课堂表现、听说读写综合性学习的评价。②浙江师范大学的郭高腾在其硕士学位论文《高中语文学业真实性评价的探索》中提出，学习评价的内容应该包括知识与能力、过程与方法、情感态度价值观三个方面，以及通过阅读与鉴赏、表达与交流两个方面来提高学生语文素养③。

李娜制定的《初中语文学习评价调查问卷》主要由三部分组成：第一部分是单选题，主要从学习评价的目的、内容、方法、途径、主体等方面进行调查；第二部分是多选题，主要是要调查在识字与写字方面、阅读方面、写作方面、口语交际方面和综合性学习方面的评价状况；第三部分则是一个等级量表，主要是为了了解教师对于初中语文学习评价的重视程度。④

张蕾在研究中等职业学校语文学习评价时分别编制了教师和学生的调查问卷，其中教师问卷共15道选择题，由个人基本情况和语文学习评价情况两部分构成，其中，语文学习评价情况主要包括对学习评价的认识、评价的时机、评价的内容、评价的方式、评价的主体以及对评价改革的需求等方面。⑤

林健英依据《课程标准》将小学语文学习能力分解为听、说、读、写、综合能力五大板块，调查了教师对这五大学习能力方面评价的关注程度及评价的频率。⑥

从以上学者采用的调查指标可以看出，他们都是以《课程标准》的五大学

① 田甜.高中语文学习评价研究［D］.天水：天水师范学院，2018.

② 高芳才.中学语文学习评价实践探索［D］.上海：华东师范大学，2009.

③ 郭高腾.高中语文学业真实性评价探索［D］.金华：浙江师范大学，2009.

④ 李娜.初中语文学习评价的行动研究［D］.临汾：山西师范大学，2013.

⑤ 张蕾.中等职业学校学生语文学习评价改革研究［D］.福州：福建师范大学，2014.

⑥ 林健英.小学低年级学生语文学习能力评价的实践研究［D］.上海：上海师范大学，2016.

习能力为基准来设定调查指标，研究教师学习评价在评价方法、评价内容等方面的现状，对教师在学生学习时的学习态度评价、学习方法评价等方面缺乏关注，对听说读写综合性学习的评价指标也存在不同，且对于教师在学习评价中使用的指标、遇到的问题缺乏关注。另外，问卷中对学习评价现状方面的调查过于简单且不全面，问卷的信效度也无从检验。本项调查虽也是自编问卷，跟当前学者们使用的问卷的主要不同之处在于，我们认为除了要了解当前教师对学习评价关注的重点之外，还应该对教师对学生学习评价的现状、困难进行深入了解，因此，问卷的设计与编制都更为科学、规范。

我们的问卷编制经过了多轮的研究与修订，首先，本课题组以《课程标准》为指导来确定宏观调查指标再参考其他学者的问卷编写了问卷样稿，通过对新手教师、资深教师、专家型教师的访谈确定问卷基本指标，形成6个维度的调查问卷。然后，采用"德尔菲法"将此表格寄给接受调查的本领域的13位专家，让他们基于专业判断对问卷维度下的问题提出建议，并从学习评价指标中选取8个最重要的一级指标和39个二级指标，问卷回收后按照专家意见及指标被选择的频次高低进行筛选形成问卷，问卷包括学习评价现状、学习评价存在的问题、学习评价指标、学习评价实施4个维度共18个二级指标。接着，问卷录入后，为了提高问卷的效度与信度，在大规模发放问卷和收集数据之前进行了问卷前测（Pretest），先回收了34份问卷作为前测数据。在前测阶段，本研究主要以两个方面同时进行来筛选变量的测量问项（item）：探索性因素分析和信度分析。其中，探索性因素分析主要是确定量表的基本构成与问项；而信度分析则是用来精简问卷，删除对测量变量毫无贡献的问卷项目，以增加每个测量变量的信度。总之，前测分析是要得到精简的有效的变量测量量表。探索性因子分析结果如表1所示，分析结果表明，75个测量问项共产生8个公共因子，累计解释方差为70.048%，又通过计算Cronbach's Alpha系数，得出问卷问卷总体Cronbach's alpha为0.972，表明具有很高的内部一致性信度。效度分析结果显示，单个态度题的KMO值都大于0.8，主因子解释值大于0.6，问卷效度良好。最后，回收问卷在排除无效问卷后还剩1190份，采用spsss分析工具对数据进行整理，问卷信效度良好。

表1-1 学习评价调查问卷前测探索性因子分析表（一）

变量（factor）	测量问项（item）	因子负载
小学语文学习评价存在的问题	对多样的评价类型不熟悉	0.857
	对评价工具的使用不熟悉	0.856
	评价工具可选择性小	0.845
	评价工具缺乏适配性	0.843
	评价结果难以进行有针对性的反馈	0.839
	评价主体不够多元化	0.838
	对课外学习评价的关注不够	0.838
	教师对学生学习评价的自主权不够	0.837
	侧重读、写，对听、说的评价不够	0.812
	评价不及时	0.78
	侧重于语文知识与技能评价，对学习态度与方法关注不够	0.78
	注重语文的工具性而对人文性关注不够	0.742
	小学语文学习评价存在的问题进行判断—评价目的单一	0.642

表1-2 学习评价调查问卷前测探索性因子分析表（二）

变量（factor）	测量问项（item）	因子负载
学习评价类型的内涵与使用方法的了解程度	定性评价	0.825
	标准参照评价	0.81
	定量评价	0.808
	形成性评价	0.806
	相对性评价	0.803
	终结性评价	0.797
	绝对性评价	0.794
	常模参照评价	0.775
	诊断性评价	0.771
	个体内差异评价	0.753
学习评价方法的使用情况	课后作业	0.822
	平时测验	0.8

变量（factor）	测量问项（item）	因子负载
学习评价方法的使用情况	课堂提问	0.797
	课堂作业	0.753
	听写	0.704
	正式考试	0.677
	行为观察	0.608
	量规（rubric）	0.824
	量表	0.807
	问卷	0.776
	作文比赛	0.723
	朗诵演讲	0.653
	口语测试	0.535

表1-3　学习评价调查问卷前测探索性因子分析表（三）

变量（factor）	测量问项（item）	因子负载
"写"的评价	写作的技巧性	0.829
	写作的规范性	0.798
	作文的创新性	0.785
	对写作的热爱程度	0.758
	写字的速度	0.620
	写字的工整程度	0.611
"听"的评价	听的理解能力	0.818
	听的接收能力	0.803
	听的复述能力	0.760
	听的转化能力	0.751
"说"的评价	表达的逻辑性	0.747
	表达的贴切性	0.716
	表达流畅度	0.712
	表达清晰度	0.694
	表达的意愿	0.644

续　表

变量（factor）	测量问项（item）	因子负载
"读"的评价	阅读的速度	0.718
	阅读的广度	0.679
	识字量	0.667
	阅读的兴趣	0.648
	阅读理解的准确性	0.635

表1-4　学习评价调查问卷前测探索性因子分析表（四）

变量（factor）	测量问项（item）	因子负载
学习态度评价	学习的主动性	0.748
	学习的自主性	0.766
	学习的计划性	0.711
	学习的专注程度	0.777
	纠正学习错误的意愿	0.737
学习能力评价	识记能力	0.636
	理解能力	0.687
	分析综合能力	0.658
	鉴赏评价能力	0.593
	表达应用能力	0.686
学习方法评价	知道有多种学习方法	0.751
	懂得学习方法如何使用	0.692
	能够综合使用多种学习方法	0.773
	能够结合自身情况选择和改进学习方法	0.690
学习结果评价	学业成绩	0.545
	学习方法的掌握	0.728
	情感态度价值观的培养	0.694
	学习习惯的养成	0.756
	学习的兴趣	0.758

表1-5 学习评价调查问卷前测信度

变量	测量问卷数	Cronbach's alpha信度
"学习态度""学习能力""学习方法""学习结果"评价	19	0.987
学习评价存在的问题	13	0.957
对学习评价内涵和使用方法了解程度	10	0.946
学习评价方法的使用情况	13	0.892
"听"的评价	4	0.937
"说"的评价	5	0.963
"读"的评价	5	0.938
"写"的评价	6	0.943

第二节　小学语文学习评价现状

一、评价目的

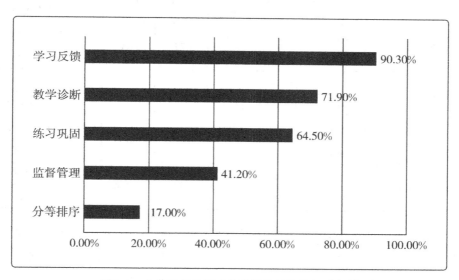

图1-1　小学语文教师对学习评价目的的认知对比图

　　如图1-1所示，小学语文教师认为学习评价的主要目的是学习反馈、教学诊断。高级教师邓之富非常重视学习反馈和教学诊断的作用，认为两者是合二为一、相辅相成的，由于不考虑重点班，后进生、选拔、划片录取等情况，因此不提倡对学生进行鉴别分等。关于学习反馈和学习诊断的使用主要通过课上和课下两种方式进行。在教学中：教师通过练习发现学生在学习中存在的问题，根据其存在的问题进行评价，结合训练再诊断、再评价，两种方法交互使用，直至学生对问题全部掌握；在课堂外：通过同伴、家长等多渠道反馈给教师，再反馈给学生，从而促进其行为习惯以及学习态度和方法的养成。

《教育部关于积极推进中小学评价与考试制度改革的通知》（教基〔2002〕26号）指出："中小学评价与考试制度改革的根本目的是为了更好地提高学生的综合素质和教师的教学水平，为学校实施素质教育提供保障。充分发挥评价的促进发展的功能，使评价的过程成为促进教学发展与提高的过程。"

表1-6　不同性别小学语文教师对学习评价目的认知差异表

项目	性别	N	均值	标准差	F	Sig.	t	Sig.（双侧）
学习反馈	男	228	0.89	0.313	1.856	0.173	−0.689	0.491
	女	962	0.91	0.293			−0.661	0.509
教学诊断	男	228	0.69	0.464	4.722	0.030	−1.148	0.251
	女	962	0.73	0.446			−1.12	0.263
分等排序	男	228	0.21	0.412	14.812	0.000	2.022	0.043
	女	962	0.16	0.366			1.881	0.061
练习巩固	男	228	0.68	0.466	8.941	0.003	1.363	0.173
	女	962	0.64	0.481			1.391	0.165
监督管理	男	228	0.39	0.49	1.543	0.214	−0.581	0.562
	女	962	0.42	0.493			−0.583	0.56

由表1-6可见，就学习评价的主要目的"学习反馈""教学诊断""分等排序""练习巩固""监督管理"这五个变量而言，收尾概率p值均大于0.05，未达到显著水平，表明不同性别小学语文教师对学习评价目的的认知差异不显著。

表1-7　城乡小学语文教师对学习评价目的认知差异表

项目	地区	N	均值	标准差	F	Sig.	t	Sig.（双侧）
学习反馈	农村	736	0.91	0.288	0.329	0.567	0.287	0.774
	城市	342	0.90	0.296			0.284	0.776
教学诊断	农村	736	0.69	0.464	82.957	0.000	−4.120	0.000
	城市	342	0.81	0.395			−4.367	0.000

续 表

项目	地区	N	均值	标准差	F	Sig.	t	Sig.（双侧）
分等排序	农村	736	0.16	0.370	2.902	0.089	−0.861	0.389
	城市	342	0.18	0.388			−0.846	0.398
练习巩固	农村	736	0.66	0.475	1.588	0.208	0.647	0.518
	城市	342	0.64	0.481			0.643	0.520
监督管理	农村	736	0.36	0.480	28.230	0.000	−3.934	0.000
	城市	342	0.49	0.501			−3.875	0.000

由表1-7可见，就学习评价的主要目的"学习反馈""分等排序""练习巩固"这三个变量而言，收尾概率p值均大于0.05，未达到显著水平，表明城乡小学语文教师认知差异不显著。

就"教学诊断""监督管理"这两个变量而言，收尾概率p值小于0.05，表明城乡小学语文教师认知差异显著。对"教学诊断"，城市任教教师的认同度（均值=0.81）高于农村任教教师（均值=0.69）。对"监督管理"，城市任教教师（均值=0.49）的认同度高于农村任教教师（均值=0.36）。

表1-8 不同任教年级小学语文教师对学习评价的目的认知对比表

项目	计数占比	年级			总计
		低年级	中年级	高年级	
学习反馈	计数	377	352	345	1074
	Grade占比（%）	35.10	32.80	32.10	
教学诊断	计数	273	26	287	856
	Grade占比（%）	31.90	34.60	33.50	
分等排序	计数	65	77	60	202
	Grade占比（%）	32.20	38.10	29.70	
练习巩固	计数	278	252	238	768
	Grade占比（%）	36.20	32.80	31.00	
监督管理	计数	161	165	164	490
	Grade占比（%）	32.90	33.70	33.50	
总计	计数	1154	872	784	3390

表1-9 不同任教年级小学语文教师对学习评价的目的认识差异表

项目	F	显著性
教学诊断	11.94	0.003

由表1-8、表1-9可见，就学习评价的主要目的是"教学诊断"，收尾概率 p 值小于0.05，达到显著水平，表明不同任教年级小学语文教师认知差异显著。就教学诊断而言，中年级任教教师比例最高，低年级比例最低。

表1-10 不同学历小学语文教师对学习评价目的认知对比表

项目	计数占比	学历					合计
		初中及以下	高中（包括中专、职高）	大专	本科	研究生	
学习反馈	计数	5	41	521	498	9	1074
	Grade占比（%）	0.50	3.90	48.50	46.40	0.80	
教学诊断	计数	4	25	393	427	7	856
	Grade占比（%）	0.50	2.90	45.90	49.90	0.80	
分等排序	计数	2	5	100	93	2	202
	Grade占比（%）	1.00	2.50	49.50	46.00	1.00	
练习巩固	计数	3	30	387	340	8	768
	Grade占比（%）	0.40	3.90	50.40	44.30	1	
监督管理	计数	4	13	199	269	5	490
	Grade占比（%）	0.80	2.70	40.60	54.90	1.00	
总计	计数	18	114	1600	1627	31	3390

表1-11 不同学历小学语文教师对学习评价目的认知差异表

项目	F	显著性
教学诊断	25.442	0.00
监督管理	33.294	0.00

由表1-10、表1-11可见，就学习评价的主要目的是"教学诊断""监督管理"，收尾概率 p 值小于0.05，达到显著水平，表明不同学历小学语文教师差异

显著。就"教学诊断"而言，本科学历教师所占比例最大，高中（包括中专、职高）所占比例最小；就"监督管理"而言，本科学历教师所占比例最大，高中（包括中专、职高）所占比例最小。

表1-12 不同教龄小学语文教师对学习评价目的认知对比表

项目	计数占比	教龄				合计
		3年以下	3~10年	11~20年	21年以上	
学习反馈	计数	79	122	295	578	1074
	Grade占比（%）	7.40	11.40	27.50	53.80	
教学诊断	计数	77	108	234	439	858
	Grade占比（%）	9.00	12.40	27.30	51.30	
分等排序	计数	17	20	55	110	202
	Grade占比（%）	8.40	9.90	27.20	54.50	
练习巩固	计数	53	80	198	437	768
	Grade占比（%）	6.90	10.40	25.80	56.90	
监督管理	计数	48	60	152	229	490
	Grade占比（%）	10.00	12.20	31.00	46.70	
总计	计数	234	390	934	1793	3351

表1-13 不同教龄小学语文教师对学习评价目的认知差异表

项目	F	显著性
教学诊断	27.524	0.00
监督管理	25.748	0.00

由表1-12、表1-13可见，就学习评价的主要目的"教学诊断""监督管理"，收尾概率p值小于0.05，达到显著水平，表明不同教龄教师差异显著。对于"教学诊断"，21年以上教龄教师所占比例最大，3年以下比例最小；就"监督管理"而言，21年以上教龄教师比例最大，3年以下比例最小。

二、评价作用

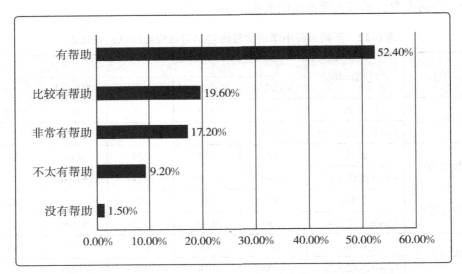

图1-2　小学语文教师对学习评价对小学生学习作用的认识图

如图1-2所示，在学习评价对小学生学习的作用认识上，小学语文教师认为学习评价对小学生学习有帮助的占89.3%，认为没有帮助的占10.7%。由此可见，绝大多数的小学语文教师认为学习评价能够对小学生学习有帮助。特级教师王先云在某次访谈过程中提道，"学习评价是非常有用的，是一种价值判断，一方面作为教学诊断，反馈给教师继而改进教学，另一方面反馈给学生，促进学习"。部分教师认为学习评价对小学生学习没有帮助的原因在于：教师的评价方式不对，只注重自身对学生的评价，忽视了评价结果给教师自身的反馈；学生无法接受教师当前的评价——口头性评价；往往教师经常性评价的是基础比较弱的学生，其接收程度较低，导致评价效果不明显；教师对学习评价的概念理解有偏差、认识不够。

表1-14　不同性别小学语文教师对学习评价作用认知差异表

项目	性别	N	均值	标准差	F	Sig.	t	Sig.（双侧）
学习评价的作用	男	228	3.54	0.926	1.27	0.26	2.205	0.028
	女	962	3.39	0.929			2.208	0.028

由表1-14可见，就"学习评价的作用"这个变量而言，收尾概率p值小于0.05，表明不同性别小学语文教师差异显著，男教师认为（均值=3.54）学习评价对小学生更有帮助（均值=3.39）。

表1-15 城乡小学语文教师对学习评价对学生学习作用的认知差异表

项目	地区	N	均值	标准差	F	Sig.	t	Sig.（双侧）
学习评价对小学生学习的作用	乡村	736	3.37	0.903	12.489	0.00	−2.971	0.003
	城市	342	3.55	0.994			−2.869	0.004

由表1-15可见，就"学习评价的作用"这个变量而言，收尾概率p值小于0.05，表明城乡小学语文教师对学习评价作用的认知差异显著，城市任教教师的认为学习评价对学生更有帮助。

表1-16 不同教龄小学语文教师对学习评价的作用的认知差异表

项目	3年以下（M ± SD）	3～10年（M ± SD）	11～20年（M ± SD）	21年以上（M ± SD）	F	显著性
学习评价对小学生学习的作用	3.4 ± 0.799	3.2 ± 0.921	3.4 ± 0.95	3.5 ± 0.931	3.73	0.011
N（人）	83	134	323	650		

由表1-16可见，不同教龄小学语文教师对"学习评价的作用"这个变量收尾概率p值小于0.05，表明不同教龄小学语文教师在认知方面差异显著。21年及以上教龄教师分别与3～10年、11～20年教龄教师在认知方面存在显著差异（p=0.002，0.044<0.05）。与其他年龄段教师相比，21年以上教龄教师认为学习评价对学生更有帮助。

表1-17 不同职称小学语文教师对学习评价作用认知差异表

项目	初级（二、三级）（M ± SD）	中级（一级）（M ± SD）	高级（高级、正高级）（M ± SD）	未评定（M ± SD）	F	显著性
学习评价对小学生学习的作用	3.37 ± 0.885	3.48 ± 0.929	3.56 ± 1.008	3.22 ± 0.935	4.577	0.003

由表1-17可见，不同职称小学语文教师对学习评价对小学生学习作用的认识，收尾概率p值小于0.05，表明不同职称小学语文教师认知差异显著。中级（一级）教师与高级（高级、正高级）教师分别与未评定职称教师认知存在显著差异（$p=0.002$，$0.002<0.005$）。与初级、中级教师相比，高级教师认为学习评价对学生更有帮助。

三、评价类型

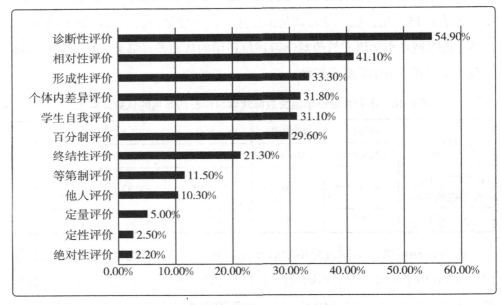

图1-3　小学语文教师常用的学习评价类型图

如图1-3所示，小学语文教师最常用的三种学习评价类型是诊断性评价、相对性评价、形成性评价。1190位小学语文教师有54.9%的人最常使用诊断性评价；1190位教师中有41.1%的人常在学习评价时使用相对性评价；有1190位教师中有33.3%的人常在学习评价时使用形成性评价。经访谈，老师们认为多种类型前的摸底考试可诊断学生学习能力、学习水平，相对性评价会借助试卷来分析对比个体差异。其中诊断性评价是举办大型的统一考试之前，教师会先通过试卷诊断学生当前的学习状况，根据诊断结果进行有针对性的训练；而相对性评价是在批改作业的过程中，教师发现学生的难点和薄弱点，通过课堂教学重点讲解和巩固。

最不常用的三种评价类型是"定量评价""定性评价""绝对性评价"，通过访谈了解到，绝大多数教师出于对专业术语、内涵不了解等原因，对三种评价类型的了解少。此外，针对这一原因分析可以通过第12题得到验证，在各种评价类型的了解程度上，"定量评价""定性评价""绝对性评价"依然是最不了解的三种评价类型。

表1-18　不同性别小学语文教师常用的学习评价类型差异表

项目	性别	N	均值	标准差	F	sig	t	sig（双侧）
诊断性评价	男	228	0.59	0.493	13.087	0.000	1.464	0.144
	女	962	0.54	0.499			1.475	0.141
形成性评价	男	228	0.35	0.477	0.895	0.344	0.489	0.625
	女	962	0.33	0.47			0.484	0.628
终结性评价	男	228	0.21	0.405	0.365	0.546	−0.299	0.765
	女	962	0.22	0.411			−0.302	0.763
相对性评价	男	228	0.4	0.492	0.272	0.602	−0.253	0.8
	女	962	0.41	0.493			−0.253	0.8
绝对性评价	男	228	0.04	0.205	25.291	0.000	2.533	0.011
	女	962	0.02	0.128			1.917	0.056
个体内差异评价	男	228	0.26	0.439	22.683	0.000	−2.126	0.034
	女	962	0.33	0.471			−2.221	0.027
等第制评价	男	228	0.12	0.329	0.643	0.423	0.404	0.686
	女	962	0.11	0.317			0.395	0.693
百分制评价	男	228	0.32	0.469	4.004	0.046	1.058	0.29
	女	962	0.29	0.454			1.036	0.301
学生自我评价	男	228	0.25	0.436	20.856	0.000	−2.053	0.04
	女	962	0.32	0.468			−2.145	0.033
他人评价	男	228	0.11	0.308	0.092	0.762	0.152	0.879
	女	962	0.1	0.303			0.15	0.881
定性评价	男	228	0.04	0.195	9.198	0.002	1.528	0.127
	女	962	0.02	0.146			1.283	0.201
定量评价	男	228	0.06	0.232	1.307	0.253	0.575	0.565
	女	962	0.05	0.213			0.546	0.586

由表1-18可见，就"诊断性评价""形成性评价""终结性评价""相对性评价""绝对性评价""等第制评价""百分制评价""他人评价""定性评价""定量评价"这十个变量而言，收尾概率p值均大于0.05，未达到显著水平，表明不同性别小学语文教师常用的学习评价类型差异不显著。

就"个体内差异评价""学生自我评价"这两个变量而言，收尾概率p值均小于0.05，表明不同性别小学语文教师对这两个变量的认知差异显著。对于"个体内差异评价"，女教师（均值=0.33）的使用频率高于男教师（均值=0.26）。对于"学生自我评价"，女教师（均值=0.32）的使用频率高于男教师（均值=0.25）。

表1-19　城乡小学语文教师常用的学习评价类型差异表

项目	地区	N	均值	标准差	F	Sig.	t	Sig.（双侧）
诊断性评价	农村	736	0.69	0.500	19.077	0.000	−2.075	0.038
	城市	342	0.81	0.492			−2.086	0.037
形成性评价	农村	736	0.35	0.473	0.002	0.966	−0.021	0.983
	城市	342	0.33	0.473			−0.021	0.983
终结性评价	农村	736	0.21	0.399	9.141	0.003	−1.549	0.122
	城市	342	0.22	0.428			−1.511	0.131
相对性评价	农村	736	0.36	0.498	38.239	0.000	2.846	0.005
	城市	342	0.49	0.480			2.884	0.004
绝对性评价	农村	736	0.04	0.155	0.657	0.418	0.405	0.686
	城市	342	0.02	0.142			0.418	0.676
个体内差异评价	农村	736	0.26	0.461	13.243	0.000	−1.953	0.051
	城市	342	0.33	0.482			−1.921	0.055
等第制评价	农村	736	0.08	0.267	107.565	0.000	−5.248	0.000
	城市	342	0.18	0.388			−4.603	0.000
百分制评价	农村	736	0.32	0.454	0.040	0.841	−0.101	0.920
	城市	342	0.29	0.456			−0.101	0.920
学生自我评价	农村	736	0.35	0.476	28.589	0.000	2.496	0.013
	城市	342	0.27	0.444			2.559	0.011
他人评价	农村	736	0.12	0.321	20.525	0.000	2.203	0.028
	城市	342	0.07	0.261			2.376	0.018

续 表

项目	地区	N	均值	标准差	F	Sig.	t	Sig.（双侧）
定性评价	农村	736	0.04	0.170	5.708	0.017	1.186	0.236
	城市	342	0.02	0.131			1.302	0.193
定量评价	农村	736	0.06	0.216	1.352	0.245	0.579	0.563
	城市	342	0.05	0.198			0.597	0.551

由表1-19可见，就"形成性评价""终结性评价""绝对性评价""个体内差异评价""百分制评价""定性评价""定量评价"这七个变量而言，收尾概率p值均大于0.05，未达到显著水平，表明城乡小学语文教师对这几种学习评价的使用情况差异不显著。

就"诊断性评价""相对性评价""等第制评价""学生自我评价""他人评价"这五个变量而言，收尾概率p值小于0.05，表明城乡小学语文教师对这几种学习的评价使用情况差异显著。对于"诊断性评价"，城市任教教师的使用频率（均值=0.81）高于农村任教教师（均值=0.69）。对于"相对性评价"，城市任教教师（均值=0.49）的使用频率高于农村任教教师（均值=0.36）。对于"等第制评价"，城市任教教师（均值=0.18）的使用频率高于农村任教教师（均值=0.08）。对于"学生自我评价"，农村任教教师（均值=0.35）的使用频率高于城市任教教师（均值=0.27）。对于"他人评价"，农村任教教师（均值=0.12）的使用频率高于城市任教教师（均值=0.07）。

表1-20　不同任教年级小学语文教师常用的学习评价类型对比表

项目	计数占比	年级			总计
		小学低年级	中年级	高年级	
诊断性评价	计数	110	213	330	653
	Grade占比（%）	16.85	32.62	50.54	
形成性评价	计数	70	152	174	396
	Grade占比（%）	17.68	38.38	43.94	
终结性评价	计数	42	97	115	254
	Grade占比（%）	16.54	38.19	45.27	

续 表

项目	计数占比	年级			总计
		小学低年级	中年级	高年级	
相对性评价	计数	87	177	225	489
	Grade占比（%）	17.79	36.20	46.01	
绝对性评价	计数	9	5	12	26
	Grade占比（%）	34.62	19.23	46.15	
个体内差异评价	计数	62	139	177	378
	Grade占比（%）	16.40	36.77	46.83	
等第制评价	计数	23	42	71	137
	Grade占比（%）	16.79	30.66	51.82	
百分之评价	计数	56	116	180	352
	Grade占比（%）	15.91	32.95	51.36	
学生自我评价	计数	69	114	187	370
	Grade占比（%）	18.65	30.81	50.54	
他人评价	计数	21	38	63	122
	Grade占比（%）	17.21	31.15	51.63	
定性评价	计数	4	4	22	30
	Grade占比（%）	13.33	13.33	73.33	
定量评价	计数	7	18	34	59
	Grade占比（%）	11.86	30.51	57.63	
总计	计数	560	1115	1590	3266

表1-21　不同任教年级小学语文教师常用的学习评价类型差异表

项目	F	显著性
绝对性评价	6.942	0.031
定性评价	8.092	0.017

由表1-20、表1-21可见，"绝对性评价""定性评价"，收尾概率p值小于0.05，达到显著水平，表明不同任教年级教师常用评价类型差异显著。对于"绝对性评价"，高年级任教教师所占比例最大，中年级任教教师所占比例最

小；对"定性评价"高年级任教教师所占比例最大，低年级任教教师所占比例
最小。

表1-22　不同学历小学语文教师常用的学习评价类型对比表

项目	计数占比	学历					合计
		初中及以下	高中（包括中专、职高）	大专	本科	研究生	
诊断性评价	计数	3	15	304	326	5	653
	Grade占比（%）	0.50	2.30	46.60	49.90	0.80	
形成性评价	计数	3	11	187	190	5	396
	Grade占比（%）	0.80	2.80	47.20	48.00	1.30	
终结性评价	计数	2	10	109	128	5	254
	Grade占比（%）	0.80	3.90	42.90	50.40	2.00	
相对性评价	计数	2	28	255	202	2	489
	Grade占比（%）	0.40	5.70	52.10	41.30	0.40	
绝对性评价	计数	0	1	15	9	1	26
	Grade占比（%）	0.00	3.80	57.70	34.60	3.80	
个体内差异评价	计数	1	11	196	169	1	378
	Grade占比（%）	0.30	2.90	51.90	44.70	0.30	
等第制评价	计数	0	4	59	73	1	137
	Grade占比（%）	0.00	2.90	43.10	53.30	0.70	
百分之评价	计数	2	9	157	180	4	352
	Grade占比（%）	0.60	2.60	44.60	51.10	1.10	
学生自我评价	计数	2	18	215	135	0	370
	Grade内的%	0.50	4.90	58.10	36.50	0.00	
他人评价	计数	0	7	55	59	1	122
	Grade占比（%）	0.00	5.70	45.10	48.40	0.80	
定性评价	计数	0	3	14	12	1	30
	Grade占比（%）	0.00	10.00	46.70	40.00	3.30	
定量评价	计数	0	6	31	22	0	59
	Grade占比（%）	0.00	10.20	52.50	37.30	0.00	
总计	计数	17	123	1597	1505	26	3268

表1-23　不同学历小学语文教师常用的学习评价类型差异表

项目	F	显著性
诊断性评价	16.875	0.002
终结性评价	10.902	0.028
相对性评价	13.937	0.007
学生自我评价	24.21	0.000

由表1-22、表1-23可见就"诊断性评价""终结性评价""相对性评价""绝对性评价""学生自我评价"，收尾概率p值小于0.05，达到显著水平，表明不同学历小学语文教师常用的学习评价类型差异显著。对于"诊断性评价"，本科学历教师所占比例最大，高中（包括中专、职高）所占比例最小；对于"终结性评价"，本科学历所占比例最大，高中（包括中专、职高）所占比例最小；对于"相对性评价"，大专学历比例最大，高中（包括中专、职高）与研究生所占比例最小；对于"绝对性评价"，大专学历比例最大，高中（包括中专、职高）所占比例最小；对于"学生自我评价"，大专所占比例最大，研究生学历所占比例最小。

表1-24　不同教龄小学语文教师常用的学习评价类型对比表

项目	计数占比	教龄				合计
		3年以下	3~10年	11~20年	21年以上	
诊断性评价	计数	55	92	168	338	653
	Grade占比（%）	8.40	14.10	25.70	51.80	
形成性评价	计数	42	61	95	198	396
	Grade占比（%）	10.60	15.40	24.00	50.00	
终结性评价	计数	22	40	56	135	254
	Grade占比（%）	9.10	15.70	22.00	53.10	
相对性评价	计数	37	49	136	267	489
	Grade占比（%）	7.60	10.00	27.80	54.60	
绝对性评价	计数	3	1	9	13	26
	Grade占比（%）	11.50	3.80	34.60	50.00	
个体内差异评价	计数	24	44	108	202	378
	Grade占比（%）	6.30	11.60	28.60	53.40	

续　表

项目	计数占比	教龄				合计
		3年以下	3～10年	11～20年	21年以上	
等第制评价	计数	5	13	34	85	137
	Grade占比（％）	3.60	9.50	24.80	62.00	
百分之评价	计数	19	27	119	187	352
	Grade占比（％）	5.40	7.70	33.80	53.10	
学生自我评价	计数	14	26	105	225	370
	Grade占比（％）	3.80	7.00	28.40	60.80	
他人评价	计数	5	19	34	64	122
	Grade占比（％）	4.10	15.60	27.90	52.50	
定性评价	计数	3	1	5	21	30
	Grade占比（％）	10.00	3.30	16.70	70.00	
定量评价	计数	5	3	14	37	59
	Grade占比（％）	8.50	5.10	23.70	62.70	
总计	计数	234	376	883	1772	3265
	Grade占比（％）	7.20	11.50	27.00	54.30	

表1-25　不同教龄小学语文教师常用的学习评价类型差异表

项目	F	显著性
诊断性评价	17.865	0.00
形成性评价	24.746	0.00
终结性评价	10.996	0.12
百分之评价	15.887	0.00
学生自我评价	20.452	0.00

　　由表1-24、表1-25可见，就"诊断性评价""形成性评价""终结性评价""百分制评价""学生自我评价"而言，收尾概率p值小于0.05，达到显著水平，表明不同教龄小学语文教师常用的学习评价类型差异显著。对于"诊断性评价"，21年以上教龄比例最大，3年以下教龄比例最小；对于"形成性评价"，21年以上教龄比例最大，3年以下教龄比例最小；对于"终结性评价"，

21年以上教龄教师比例最大，三年以下教龄比例最小；"百分制评价"，21年以上教龄比例最大，三年以下教龄比例最小；"学生自我评价"，21年以上教龄比例最大，三年以下教龄比例最小。

表1-26 不同职称小学语文教师常用的学习评价类型对比表

项目	计数占比	职称			未评定	合计
		初级（三级教师、二级教师）	中级（一级教师）	高级（高级教师、正高级教师）		
诊断性评价	计数	191	295	68	99	653
	Grade占比（%）	29.20	45.20	10.40	15.20	
形成性评价	计数	129	159	44	64	396
	Grade占比（%）	32.60	40.20	11.10	16.20	
终结性评价	计数	85	99	31	39	254
	Grade占比（%）	33.50	39.00	12.20	15.40	
相对性评价	计数	168	211	35	75	489
	Grade占比（%）	34.40	43.10	7.20	15.30	
绝对性评价	计数	8	12	3	3	26
	Grade占比（%）	30.80	46.20	11.50	11.50	
个体内差异评价	计数	114	180	28	56	378
	Grade占比（%）	30.20	47.60	7.40	14.80	
等第制评价	计数	29	68	27	13	137
	Grade内的%	21.20	49.60	19.70	9.50	
百分之评价	计数	95	161	48	48	352
	Grade占比（%）	27.00	45.70	13.60	13.60	
学生自我评价	计数	120	177	32	41	370
	Grade占比（%）	32.40	47.80	8.60	11.10	
他人评价	计数	45	47	13	17	122
	Grade占比（%）	36.90	38.50	10.70	13.90	
定性评价	计数	9	8	8	5	30
	Grade占比（%）	30.00	26.70	26.70	16.70	

续　表

项目	计数占比	职称			未评定	合计
		初级（三级教师、二级教师）	中级（一级教师）	高级（高级教师、正高级教师）		
定量评价	计数	20	24	8	7	59
	Grade占比（%）	33.90	40.70	13.60	11.90	
总计	计数	1013	1441	345	469	3268
	Grade占比（%）	31.00	44.10	10.60	14.40	

表1-27　不同职称小学语文教师常用的学习评价类型差异表

项目	F	显著性
相对性评价	13.189	0.04
等第制评价	20.452	0.00
百分之评价	9.797	0.02

由表1-26、表1-27可见，"相对性评价""等第制评价""百分制评价"，收尾概率p值小于0.05，达到显著水平，表明不同职称小学语文教师常用的学习评价类型差异显著。对"相对性评价"，中级（一级教师）所占比例最大，未进行职称评定的教师比例最小；就"等第制评价"，中级（一级教师）所占比例最大，未进行职称评定的教师比例最小；对"百分制评价"，中级（一级教师）所占比例最大，高级（高级教师、正高级教师）和未进行职称评定的教师比例最小。

四、评价方法

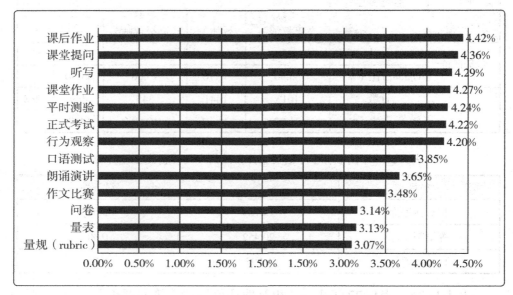

图1-4 小学语文教师评价方法使用情况对比图

如图1-4所示，小学语文教师最常用的评价方法是"课后作业""课堂提问""听写"；最不常用的是"量规""量表"。原因在于课后作业紧扣课程标准，对知识点的把握也更有基础性和普遍性；课堂提问即问即评，可以明确把握学生目前的学习状况以及快速给与评价和反馈；由于语文学科的特殊性，更注重字词句的练习和掌握，因此听写作为最便捷、最直观也较为常用的评价方法深受教师们的青睐。"量规""量表"是最不常用的评价方法主要原因在于：大多数教师从概念上对量规、量表不理解，在实践中对量规、量表不熟悉，没在学校中见到或使用过；目前没有可供国内范围内公认的一种量表或量规；正常孩子不会用到量表、量规，"在一些特殊学校的，有特殊问题的，他们才会拿着这量表来测试"；缺乏资金支持，量表、量规的设计、购买、测量、分析等都需要以物质资源做支撑。

表1-28 城乡小学语文教师学习评价方法使用频率差异表

项目	地区	N	均值	标准差	F	Sig.	t	Sig.（双侧）
课堂提问	农村	736	4.28	0.737	0.745	0.388	-4.617	0.00
	城市	342	4.49	0.63			-4.886	0.00
课堂作业	农村	736	4.2	0.754	0.193	0.66	-3.739	0.00
	城市	342	4.38	0.66			-3.925	0.00
课后作业	农村	736	4.34	0.78	8.177	0.004	-4.041	0.00
	城市	342	4.54	0.643			-4.335	0.00
平时测验	农村	736	4.2	0.739	0.042	0.838	-2.182	0.029
	城市	342	4.3	0.671			-2.261	0.024
正式考试	农村	736	4.21	0.777	2.448	0.118	-0.664	0.507
	城市	342	4.25	0.666			-0.702	0.483
行为观察	农村	736	4.13	0.77	0.006	0.938	-3.624	0.00
	城市	342	4.31	0.67			-3.811	0.00
听写	农村	736	4.22	0.813	6.316	0.012	-4.169	0.00
	城市	342	4.43	0.621			-4.592	0.00
口语测试	农村	736	3.8	0.863	10.836	0.001	-3.389	0.001
	城市	342	3.99	0.814			-3.462	0.001
朗诵演讲	农村	736	3.56	0.863	12.594	0	-4.806	0.00
	城市	342	3.83	0.783			-4.981	0.00
作文比赛	农村	736	3.39	0.888	0.016	0.899	-4.504	0.00
	城市	342	3.65	0.892			-4.495	0.00
量表	农村	736	3.11	0.987	5.951	0.015	-1.866	0.062
	城市	342	3.23	1.065			-1.815	0.07
量规（rubric）	农村	736	3.09	0.976	7.496	0.006	-0.235	0.814
	城市	342	3.11	1.089			-0.226	0.821
问卷	农村	736	3.16	1.026	0.235	0.628	0.38	0.704
	城市	342	3.13	1.069			0.374	0.709

由表1-28可见，就"正式考试""量表""量规""问卷"这四个变量的使用频率而言，收尾概率p值大于0.05，表明城乡小学语文教师使用频率的差异不显著。

就"课堂提问""课堂作业""课后作业""平时测验""行为观察""听写""口语测试""朗诵演讲""作文比赛"这九个变量而言，收尾概率p值小于0.05，表明城乡小学语文教师使用频率差异显著。对于"课堂提问"，城市任教教师的使用频率（均值=4.49）高于农村任教教师（均值=4.28）。对于"课堂作业"，城市任教教师（均值=4.38）的使用频率高于农村任教教师（均值=4.20）。对于"课后作业"，城市任教教师的使用频率（均值=4.54）高于农村任教教师（均值=4.34）。对于"平时测验"，城市任教教师（均值=4.30）的使用频率高于农村任教教师（均值=4.20）。对于"行为观察"，城市任教教师的使用频率（均值=4.31）高于农村任教教师（均值=4.13）。对于"听写"，城市任教教师（均值=4.43）的使用频率高于农村任教教师（均值=4.22）。对于"口语测试"，城市任教教师的使用频率（均值=3.99）高于农村任教教师（均值=3.80）。对于"朗诵演讲"，城市任教教师（均值=3.83）的使用频率高于农村任教教师（均值=3.56）。对于"作文比赛"，城市任教教师（均值=3.65）的使用频率高于农村任教教师（均值=3.39）。

表1-29　不同性别小学语文教师学习评价方法使用频率差异表

项目	性别	N	均值	标准差	F	Sig.	t	Sig.（双侧）
课堂提问	男	228	4.31	0.624	4.512	0.034	-1.26	0.208
	女	962	4.37	0.719			-1.374	0.17
课堂作业	男	228	4.18	0.718	1.426	0.233	-2.143	0.032
	女	962	4.29	0.72			-2.146	0.033
课后作业	男	228	4.32	0.767	0.365	0.546	-2.184	0.029
	女	962	4.44	0.729			-2.116	0.035
平时测验	男	228	4.17	0.71	0.915	0.339	-1.523	0.128
	女	962	4.25	0.719			-1.536	0.125
正式考试	男	228	4.18	0.712	1.424	0.233	-1.099	0.272
	女	962	4.23	0.74			-1.126	0.261
行为观察	男	228	4.14	0.747	0.195	0.659	-1.385	0.166
	女	962	4.21	0.733			-1.368	0.172

续　表

项目	性别	N	均值	标准差	F	Sig.	t	Sig.（双侧）
听写	男	228	4.13	0.768	1.443	0.23	−3.652	0
	女	962	4.33	0.742			−3.575	0
口语测试	男	228	3.84	0.847	0.014	0.906	−0.235	0.814
	女	962	3.85	0.848			−0.235	0.814
朗诵演讲	男	228	3.68	0.843	0.006	0.938	0.744	0.457
	女	962	3.64	0.838			0.741	0.459
作文比赛	男	228	3.54	0.857	0.868	0.352	1.024	0.306
	女	962	3.47	0.901			1.056	0.292
量表	男	228	3.21	1.001	0.008	0.929	1.278	0.201
	女	962	3.11	1.023			1.296	0.196
量规（rubric）	男	228	3.2	1.02	0.777	0.378	2.029	0.043
	女	962	3.04	1.03			2.042	0.042
问卷	男	228	3.3	1.082	7.033	0.008	2.598	0.01
	女	962	3.1	1.026			2.514	0.012

由表1-29可见，就"课堂提问""平时测验""正式考试""行为观察""口语测试""朗诵演讲""作文比赛""量表"这八个变量而言，收尾概率p值均大于0.05，未达到显著水平，表明不同性别小学语文教师使用频率差异不显著。

就"课堂作业""课后作业""听写""量规""问卷"这五个变量而言，收尾概率p值均小于0.05，表明不同性别小学语文教师使用频率差异显著。对于"课堂作业"的使用频率，女教师（均值=4.29）的使用频率高于男教师（均值=4.18），不同性别的教师使用频率都较高。对于"课后作业"，女教师（均值=4.44）的使用频率高于男教师（均值=4.32），不同性别的教师使用频率都较高。对于"听写"，女教师（均值=4.33）的使用频率高于男教师（均值=4.13），不同性别的教师使用频率都较高。对于"量规"，男教师（均值=3.20）的使用频率高于女教师（均值=3.04）。对于"问卷"，男教师（均值=3.30）的使用频率高于女教师（均值=3.10）。

表1-30　不同任教年级小学语文教师学习评价方法使用频率差异表

项目	年级			F	显著性
	低年级 （M±SD）	中年级 （M±SD）	高年级 （M±SD）		
课堂提问	4.38 ± 0.655	4.35 ± 0.758	4.35 ± 0.693	0.225	0.799
课堂作业	4.30 ± 0.686	4.25 ± 0.770	4.25 ± 0.704	0.625	0.536
课后作业	4.40 ± 0.708	4.40 ± 0.811	4.45 ± 0.689	0.75	0.472
平时测验	4.26 ± 0.684	4.21 ± 0.779	4.24 ± 0.689	0.569	0.566
正式考试	4.23 ± 0.718	4.23 ± 0.748	4.21 ± 0.742	0.096	0.909
行为观察	4.24 ± 0.683	4.21 ± 0.744	4.14 ± 0.780	2.021	0.133
听写	4.24 ± 0.750	4.35 ± 0.758	4.30 ± 0.743	2.35	0.096
口语测试	3.92 ± 0.854	3.84 ± 0.848	3.79 ± 0.836	2.317	0.099
朗诵演讲	3.69 ± 0.860	3.65 ± 0.812	3.59 ± 0.840	1.524	0.218
作文比赛	3.33 ± 0.993	3.60 ± 0.817	3.51 ± 0.829	9.901	0
量表	3.12 ± 1.050	3.22 ± 0.984	3.04 ± 1.016	2.747	0.065
量规 （rubric）	3.05 ± 1.085	3.18 ± 0.964	2.99 ± 1.027	3.344	0.036
问卷	3.15 ± 1.063	3.22 ± 1.009	3.04 ± 1.041	3.104	0.045
N（人）	415	394	381		

由表1-30可见，就"课堂提问""课堂作业""课后作业""平时测验""正式考试""行为观察""听写""口语测试""朗诵演讲""量表"这十个变量而言，收尾概率p值均大于0.05，未达到显著水平，表明不同任教年级小学语文教师使用频率差异不显著。

就"作文比赛""量规（rubric）""问卷"这三个变量而言，收尾概率p值小于0.05，表明不同任教年级小学语文教师使用频率差异显著。

对"作文比赛"，低年级任教教师分别与中年级、高年级任教教师存在显著差异（$p=0.000<0.05$，$0.004<0.05$）。中年级任教教师使用最多（均值=3.60），低年级任教教师使用最少（均值=3.33）。对于"量规"而言，中年级任教教师与高年级任教教师使用频率存在显著差异（$p=0.012<0.05$），中年级任教教师使用最多（均值=3.18），高年级任教教师使用最少（均值=2.99）。

就"问卷"这个变量而言，中年级任教教师与高年级任教教师使用频率存在显著差异（*p*=0.014<0.05），中年级任教教师使用最多（均值=3.22），高年级任教教师使用最少（均值=3.04）。

表1-31 不同学历小学语文教师学习评价方法使用频率差异表

项目	初中及以下	高中（包括中专、职高）	大专	本科	研究生	F	显著性
	（M±SD）	（M±SD）	（M±SD）	（M±SD）	（M±SD）		
课堂提问	4.00±0.89	4.39±0.61	4.24±0.79	4.48±0.58	4.67±0.71	9.258	0.000
课堂作业	4.00±0.89	4.37±0.71	4.16±0.78	4.38±0.63	4.67±0.50	7.866	0.000
课后作业	4.17±0.75	4.50±0.62	4.28±0.84	4.55±0.59	4.67±0.71	10.300	0.000
平时测验	3.83±0.75	4.41±0.65	4.14±0.78	4.33±0.63	4.44±0.73	6.759	0.000
正式考试	3.50±0.55	4.30±0.55	4.16±0.81	4.29±0.66	4.33±0.71	4.000	0.003
行为观察	4.17±0.75	4.30±0.63	4.13±0.78	4.26±0.68	4.44±1.01	2.832	0.024
听写	3.83±1.17	4.30±0.55	4.21±0.83	4.39±0.66	4.56±0.53	5.164	0.000
口语测试	3.33±0.51	4.07±0.68	3.82±0.88	3.87±0.82	4.11±0.92	1.833	0.120
朗诵演讲	3.17±0.40	3.70±0.84	3.61±0.89	3.69±0.78	3.56±0.88	1.244	0.290
作文比赛	3.00±1.09	3.59±0.95	3.42±0.91	3.55±0.85	3.33±0.70	2.264	0.060
量表	2.50±1.04	3.37±0.97	3.19±1.00	3.07±1.02	2.33±1.11	3.593	0.006
量规（rubric）	2.67±1.03	3.35±1.07	3.16±1.00	2.97±1.04	2.33±1.11	4.814	0.001
问卷	2.50±1.04	3.59±1.00	3.26±1.05	2.99±0.99	2.33±1.11	9.233	0.000
N（人）	6	46	585	544	9		

由表1-31可见，就"口语测试""朗诵演讲""作文比赛"这三个变量而言，收尾概率*p*值均大于0.05，未达到显著水平，表明不同学历小学语文教师使用频率差异不显著。

就"课堂提问""课堂作业""课后作业""平时测验""正式考试""行为观察""听写""量表""量规（rubric）""问卷"这十个变量而言收尾概率*p*值均小于0.05，达到显著水平，表明不同学历小学语文教师使用频率差异显著。

对"课堂提问"而言，大专学历教师与本科学历教师使用频率差异显著（$p=0.000<0.05$），研究生学历教师的使用频率最高（均值=4.67），初中以下学历教师的使用频率最低（均值=4.00）。对"课堂作业"大专学历教师分别与本科学历、研究生学历教师存在显著差异（$p=0.000<0.05$，$p=0.033<0.05$），研究生学历教师的使用频率最高（均值=4.67），初中以下学历教师的使用频率最低（均值=4.00）。对于"课后作业"，大专学历教师与本科学历教师使用频率存在显著差异（$p=0.000<0.05$），研究生学历教师的使用频率最高（均值=4.67），初中以下学历教师的使用频率最低（均值=4.17）。对于"平时测验"，高中（包括中专、职高）学历教师与大专学历教师、大专学历教师与本科学历教师使用频率存在显著差异（$p=0.011<0.05$，$p=0.000<0.05$），研究生学历教师的使用频率最高（均值=4.44），初中以下学历教师的使用频率最低（均值=3.83）。对于"正式考试"，初中以下学历教师分别与高中（包括中专、职高）学历、大专学历、本科学历以及研究生学历教师使用频率存在显著差异、大专学历教师与本科学历教师使用频率存在显著差异（$p=0.011<0.05$，$p=0.028<0.05$，$p=0.008<0.05$，$p=0.031<0.05$，$p=0.002<0.05$），研究生学历教师的使用频率最高（均值=4.33），初中以下学历教师的使用频率最低（均值=3.50）。对于"行为观察"，大专学历的教师与本科学历教师使用频率存在显著差异（$p=0.002<0.05$），研究生学历教师的使用频率最高（均值=4.44），大专学历教师的使用频率最低（均值=4.13），不同学历小学语文教师认知情况都比较高。对变量"听写"而言，大专学历的教师与本科学历教师使用频率存在显著差异（$p=0.000<0.05$），研究生学历教师的使用频率最高（均值=4.56），大专学历教师的使用频率最低（均值=3.83）。对"量表"而言，初中初中以下学历教师与高中（包括中专、职高）学历教师使用频率存在显著差异、高中（包括中专、职高）学历教师与研究生学历教师使用频率存在显著差异、大专学历教师分别与本科、研究生学历的教师使用频率存在显著差异、本科学历教师与研究生学历的教师使用频率存在显著差异（$p=0.049<0.05$，$p=0.005<0.05$，$p=0.047<0.05$，$p=0.012<0.05$，$p=0.032<0.05$），高中（包括中专、职高）学历教师使用频率最高（均值=3.37），研究生学历教师的使用频

率最低（均值=2.33）。对"量规（rubric）"的使用频率，高中（包括中专、职高）学历教师分别与本科、研究生学历教师存在显著差异、大专学历教师分别与本科、研究生学历教师存在显著差异（$p=0.016<0.05$，$p=0.007<0.05$，$p=0.001<0.05$，$p=0.016<0.05$），高中（包括中专、职高）学历教师使用频率最高（均值=3.35），研究生学历教师的使用频率最低（均值=2.33）。对"问卷"的使用频率，初中以下学历教师与高中（包括中专、职高）学历教师存在显著差异、高中（包括中专、职高）学历教师分别与大专、本科、研究生学历得教师存在显著差异、大专学历教师分别与本科、研究生学历教师存在显著差异（$p=0.015<0.05$，$p=0.038<0.05$，$p=0.000<0.05$，$p=0.001<0.05$，$p=0.000<0.05$，$p=0.007<0.05$），高中（包括中专、职高）学历教师使用频率最高（均值=3.59），研究生学历教师的使用频率最低（均值=2.33）。

表1-32　不同教龄小学语文教师学习评价方法使用频率差异表

项目	3年以下 （M±SD）	3~10年 （M±SD）	11~20年 （M±SD）	21年以上 （M±SD）	F	显著性
课堂提问	4.51±0.503	4.47±0.609	4.40±0.668	4.30±0.751	4.336	0.005
课堂作业	4.24±0.597	4.28±0.644	4.33±0.708	4.24±0.755	1.215	0.303
课后作业	4.64±0.508	4.49±0.646	4.48±0.675	4.34±0.799	5.828	0.001
平时测验	4.27±0.565	4.31±0.581	4.28±0.716	4.20±0.759	1.641	0.178
正式考试	4.17±0.659	4.28±0.621	4.26±0.757	4.20±0.754	1.017	0.384
行为观察	4.39±0.641	4.19±0.696	4.18±0.726	4.18±0.758	1.967	0.117
听写	4.33±0.607	4.36±0.618	4.32±0.793	4.26±0.771	0.891	0.445
口语测试	3.89±0.884	3.86±0.796	3.83±0.823	3.85±0.866	0.157	0.925
朗诵演讲	3.72±0.721	3.62±0.734	3.55±0.874	3.69±0.851	2.418	0.065
作文比赛	3.46±0.816	3.49±0.899	3.41±0.892	3.52±0.901	1.109	0.344
量表	3.08±0.940	3.10±0.972	2.99±1.047	3.21±1.019	3.442	0.016
量规 （rubric）	3.04±0.956	3.01±1.004	2.91±1.033	3.17±1.034	4.703	0.003
问卷	3.05±0.949	2.98±0.977	2.99±1.045	3.26±1.047	6.443	0
N（人）	83	134	323	650		

由表1-32可见，就"课堂提问""课后作业""量表""量规（rubric）""问卷"这五个变量的使用情况而言，收尾概率p值均小于0.05，表明不同教龄小学语文教师差异显著。其余变量收尾概率p值均大于0.05，未达到显著水平。

对"课堂提问"的使用频率而言，3年以下教龄教师分别与21年及以上教龄教师存在显著差异（$p=0.011<0.05$）、3~10年与21年及以上教龄教师存在显著差异（$p=0.010<0.05$），3~10年教龄教师的使用频率最高（均值=3.37），11~20年教龄教师的使用频率最低（均值=3.05）。对"课后作业"，3年以下教龄教师分别与21年及以上教龄教师存在显著差异（$p=0.001<0.05$）、3~10年与21年及以上教龄教师存在显著差异（$p=0.041<0.05$），3~10年教龄教师的使用频率最高（均值=3.37），11~20年教龄教师的使用频率最低（均值=3.05）。对"量表"，21年及以上教龄教师与11~20年教龄教师存在显著差异（$p=0.002<0.05$），3~10年教龄教师的使用频率最高（均值=3.37），11~20年教龄教师的使用频率最低（均值=3.05）。对"量规（rubric）"的使用频率，21年及以上教龄教师与11~20年教龄教师存在显著差异（$p=0.000<0.05$），3~10年教龄教师的使用频率最高（均值=3.37），11~20年教龄教师的使用频率最低（均值=3.05）。对"问卷"的使用频率，21年及以上教龄教师与3~10年、11~20年教龄教师存在显著差异（$p=0.004，0.000<0.05$），3~10年教龄教师的使用频率最高（均值=3.37），11~20年教龄教师的使用频率最低（均值=3.05）。

表1-33 不同职称小学语文教师学习评价方法使用频率差异表

项目	初级（二、三级）（M±SD）	中级（一级）（M±SD）	高级（高级、正高级）（M±SD）	未评定（M±SD）	F	显著性
课堂提问	4.32±0.726	4.36±0.719	4.35±0.673	4.46±0.607	1.651	0.176
课堂作业	4.24±0.722	4.29±0.764	4.25±0.619	4.26±0.648	0.308	0.82
课后作业	4.36±0.763	4.44±0.770	4.35±0.661	4.53±0.608	2.749	0.042

续　表

项目	初级（二、三级）（M±SD）	中级（一级）（M±SD）	高级（高级、正高级）（M±SD）	未评定（M±SD）	F	显著性
平时测验	4.23±0.698	4.22±0.762	4.20±0.681	4.32±0.640	0.948	0.417
正式考试	4.20±0.778	4.22±0.748	4.28±0.615	4.25±0.682	0.486	0.692
行为观察	4.13±0.769	4.22±0.736	4.17±0.690	4.29±0.685	2.172	0.09
听写	4.23±0.826	4.34±0.745	4.29±0.643	4.31±0.664	1.598	0.188
口语测试	3.80±0.865	3.85±0.871	3.88±0.755	3.95±0.796	1.232	0.297
朗诵演讲	3.56±0.892	3.67±0.849	3.77±0.717	3.67±0.752	2.389	0.067
作文比赛	3.40±0.883	3.52±0.915	3.59±0.813	3.44±0.892	2.14	0.093
量表	3.09±0.989	3.17±1.038	3.11±1.075	3.07±0.985	0.688	0.559
量规（rubric）	3.07±1.027	3.12±1.029	2.94±1.083	3.04±0.996	1.077	0.358
问卷	3.09±1.035	3.21±1.049	3.02±1.073	3.11±0.988	1.768	0.151
N（人）	369	526	126	169		

由表1-33可见，"课后作业"的收尾概率p值小于0.05，表明不同职称小学语文教师使用频率差异显著。其余变量收尾概率p值均大于0.05，表明不同职称小学语文教师使用频率差异不显著。

就"课后作业"的使用而言，未评定职称教师与初级（二、三级）教师、高级（高级、正高级）教师使用频率存在显著差异（$p=0.010$，$0.035<0.05$）。未评定职称的教师的使用频率最高（均值=4.53），高级（高级、正高级）教师的使用频率最低（均值=4.35）。

五、小学语文教师进行学习评价面临的挑战

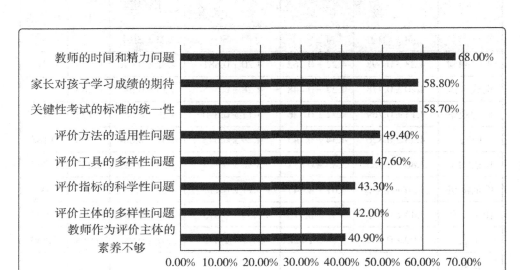

图1-5　小学语文教师实施语文学习评价面临的挑战图

　　如图1-5所示，1190位小学语文教师认为教师的时间和精力问题、家长对孩子学习成绩的期待、关键性考试的标准的统一性是科学实施语文学习评价面临的主要困难，其中，接近41%的教师认为教师作为评价主体存在素养不足问题。

　　关于教师的时间和精力去哪了的问题，访谈过程中刘小妹老师结合自身经历做如下总结："作为班主任，低学段的语文课程要比其他学科相对较多，相应的练习题和试卷也比较多，并且要进行批改和反馈，对个体差异比较大的学生进行课下谈话和辅导；对一些问题学生还要通过家校合作的方式与家长进行问题沟通，有些孩子存在自私、孤僻、不诚实，或者家庭教育缺失这些问题，需要教师引导，并充当一定的角色帮助学生心灵排解；日常班主任还要处理一些班级问题，诸如学生之间的矛盾和班级卫生等；此外，教师个人为了获得自我提升，参加培训、写总结、写报告、外出学习和教研，参加一些活动和比赛等，这些事对教师的时间和精力都有支配。"

　　针对以上问题，刘小妹老师也给出自己的看法，建议教师要学会分担和

取舍。分担给家长：家长有责任和义务分担自己孩子的学习方面的问题，做好监督并与教师的沟通配合；分担给班级能力突出的小朋友：班级一些琐碎的小事交给他们处理，一方面是种锻炼，此外同伴间还可以通过相互监督和学习帮扶等共同进步。教师也要根据自己的实际情况在提升自我的道路上做相应的取舍，调整好自己的心态，做好时间管理和规划。教育部门以及学校也要根据教师实际情况减少课外杂务，有选择性的对教师进行工作安排。

关于教师作为评价主体素养不够问题，刘小妹老师认为，教师要去评价学生，首先，自己要懂得相应的评价标准和方法；其次，教师评价素养的提升关键还在于教师知识的更新与积累，大量的阅读，关注主媒体做好学生价值观引领；最后，教师还应参加学校组织的各种讲座与培训，从而促进教师自身评价素养的提升。

表1-34　不同性别小学语文教师对语文学习评价面临的挑战的认知差异表

项目	性别	N	均值	标准差	F	Sig.	t	Sig.（双侧）
关键性考试的标准的统一性	男	228	0.65	0.477	30.595	0.000	2.258	0.024
	女	962	0.57	0.495			2.311	0.021
教师作为评价主体的素养不够	男	228	0.56	0.498	9.233	0.002	5.098	0.000
	女	962	0.37	0.484			5.011	0.000
教师的时间和精力问题	男	228	0.72	0.450	9.449	0.002	1.421	0.156
	女	962	0.67	0.470			1.459	0.145
评价工具的多样性问题	男	228	0.52	0.501	0.553	0.457	1.409	0.159
	女	962	0.47	0.499			1.406	0.160
评价指标的科学性问题	男	228	0.48	0.501	4.719	0.030	1.536	0.125
	女	962	0.42	0.494			1.523	0.129
评价方法的适用性问题	男	228	0.5	0.501	0.048	0.826	0.197	0.844
	女	962	0.49	0.500			0.197	0.844
评价主体的多样性问题	男	228	0.43	0.497	0.788	0.375	0.477	0.633
	女	962	0.42	0.493			0.475	0.635
家长对孩子学习成绩的期待	男	228	0.55	0.498	4.081	0.044	-1.215	0.225
	女	962	0.6	0.491			-1.203	0.230

由表1-34可见，语文学习评价面临的主要困难是"教师的时间和精力问题""评价工具的多样性问题""评价指标的科学性问题""评价方法的适用性问题""评价主体的多样性问题""家长对孩子学习成绩的期待"这六个变量，收尾概率p值——显著性，即Sig.（双侧）均大于0.05，未达到显著水平，表明不同性别小学语文教师差异不显著。

就"关键性考试的标准的统一性""教师作为评价主体的素养不够"这两个变量而言，收尾概率p值均小于0.05，表明不同性别小学语文教师对这两方面的认知差异显著。对关键性考试的标准的统一性，男教师（均值=0.65）的认同度高于女教师（均值=0.57）。对教师作为评价主体的素养不够，男教师（均值=0.56）的认同度高于女教师（均值=0.37）。

表1-35　城乡小学语文教师对语文学习评价面临的挑战的认知差异表

项目	地区	N	均值	标准差	F	Sig.	t	Sig.（双侧）
关键性考试的标准的统一性	农村	736	0.58	0.494	2.951	0.086	−0.821	0.412
	城市	342	0.61	0.490			−0.823	0.411
教师作为评价主体的素养不够	农村	736	0.43	0.496	45.405	0.000	3.079	0.002
	城市	342	0.34	0.473			3.133	0.002
教师的时间和精力问题	农村	736	0.66	0.473	9.820	0.002	−1.500	0.134
	城市	342	0.71	0.456			−1.521	0.129
评价工具的多样性问题	农村	736	0.46	0.499	1.819	0.178	−1.212	0.226
	城市	342	0.50	0.501			−1.210	0.227
评价指标的科学性问题	农村	736	0.41	0.493	5.530	0.019	−1.379	0.168
	城市	342	0.46	0.499			−1.373	0.170
评价方法的适用性问题	农村	736	0.48	0.500	0.010	0.920	−0.945	0.345
	城市	342	0.51	0.501			−0.944	0.345
评价主体的多样性问题	农村	736	0.42	0.494	0.260	0.610	−0.260	0.795
	城市	342	0.43	0.495			−0.260	0.795
家长对孩子学习成绩的期待	农村	736	0.59	0.493	0.627	0.429	−0.387	0.699
	城市	342	0.60	0.491			−0.387	0.699

由表1-34、表1-35可见，语文学习评价面临的主要困难是"关键性考试的标准的统一性""教师的时间和精力问题""评价工具的多样性问题""评价指标的科学性问题""评价方法的适用性问题""评价主体的多样性问题""家长对孩子学习成绩的期待"这七个变量，收尾概率p值均大于0.05，未达到显著水平，表明城乡小学语文教师认知差异不显著。

就"教师作为评价主体的素养不够"这个变量而言，收尾概率p值均小于0.05，表明城乡小学语文教师认知差异显著。对教师作为评价主体的素养不够，农村任教教师（均值=0.43）的认同度高于城市任教教师（均值=0.34）。

表1-36　不同教龄小学语文教师对语文学习评价面临的挑战的认知对比表

项目	计数占比	教龄				
		3年以下	3~10年	11~20年	21年及以上	合计
关键性考试的标准的统一性	计数	49	70	201	379	699
	Grade占比（%）	7.00	10.00	28.80	54.20	
教师作为评价主体的素养不够	计数	25	40	127	295	487
	Grade占比（%）	5.10	8.20	26.10	60.60	
教师的时间和精力问题	计数	59	104	211	435	809
	Grade占比（%）	7.30	12.90	26.10	53.80	
评价工具的多样性问题	计数	32	61	140	333	566
	Grade占比（%）	5.70	10.80	24.70	58.80	
评价指标的科学性问题	计数	32	53	142	288	515
	Grade占比（%）	6.20	10.30	27.60	55.90	
评价方法的适用性问题	计数	40	63	161	324	588
	Grade占比（%）	6.80	10.70	27.40	55.10	
评价主体的多样性问题	计数	32	51	128	289	500
	Grade占比（%）	6.40	10.20	25.60	57.80	
家长对孩子学习成绩的期待	计数	53	85	202	360	700
	Grade占比（%）	7.60	12.10	28.90	51.40	
总计	计数	322	527	1212	2703	4764

表1-37　不同教龄小学语文教师对语文学习评价面临的挑战的认知差异表

项目	F	显著性
教师作为评价主体的素养不够	16.497	0.00
评价工具的多样性问题	8.736	0.03

由表1-36、表1-37可知，不同教龄小学语文教师对语文学习评价面临的挑战是"教师作为评价主体的素养不够""评价工具的多样性问题"这两个变量，收尾概率均小于0.05，达到显著水平，表明不同教龄小学语文教师认知差异显著。对"教师作为评价主体的素养不够"，21年及以上教龄教师所占比例最大，3年以下教师所占比例最小；对"评价工具的多样性问题"，21年及以上教龄教师所占比例最大，3年以下教师所占比例最小。

表1-38　不同职称小学语文教师对语文学习评价面临的挑战的认知对比表

项目	计数占比	职称				合计
		初级（三级教师、二级教师）	中级（一级教师）	高级（高级教师、正高级教师）	未评定	
关键性考试的标准的统一性	计数	213	315	81	90	699
	Grade占比（%）	0.305	0.451	0.116	0.129	
教师作为评价主体的素养不够	计数	141	236	64	46	487
	Grade占比（%）	0.29	0.485	0.131	0.094	
教师的时间和精力问题	计数	256	358	76	119	809
	Grade占比（%）	0.316	0.443	0.094	0.117	
评价工具的多样性问题	计数	168	271	61	66	566
	Grade占比（%）	0.297	0.479	0.108	0.117	
评价指标的科学性问题	计数	143	247	59	66	515
	Grade占比（%）	0.278	0.48	0.115	0.128	
评价方法的适用性问题	计数	170	272	65	81	588
	Grade占比（%）	0.289	0.463	0.111	0.138	
评价主体的多样性问题	计数	137	242	53	68	500
	Grade占比（%）	0.274	0.484	0.106	0.136	

续 表

项目	计数占比	职称				合计
		初级 （三级教师、 二级教师）	中级 （一级 教师）	高级 （高级教师、 正高级教师）	未评定	
家长对孩子学 习成绩的期待	计数	227	288	78	107	700
	Grade占比（%）	0.324	0.411	0.111	0.153	
总计	计数	1455	2229	401	643	4738

表1-39　不同职称小学语文教师对语文学习评价面临的挑战的认知差异表

项目	F	显著性
教师作为评价主体的素养不够	22.712	0.00
评价工具的多样性问题	8.86	0.03
评价指标的科学性问题	7.854	0.049

由表1-38、表1-39可见，科学实施语文学习评价面临的挑战是"评价工具的多样性问题""评价指标的科学性问题""教师作为评价主体的素养不够"，收尾概率p值均小于0.05，表明不同职称小学语文教师认知差异显著。就"评价工具的多样性问题"而言，中级（一级教师）所占比例最大，高级（高级教师、正高级教师）比例最小；就"评价指标的科学性问题"而言，中级（一级教师）所占比例最大，高级（高级教师、正高级教师）比例最小；就"教师作为评价主体的素养不够"而言，中级（一级教师）所占比例最大，未进行职称评定教师比例最小。

第三节　小学语文学习评价存在的问题

本节从小学语文学习评价价值导向、评价主体的评价素养、评价工具、评价内容、评价反馈等方面，基于调查数据分析小学语文学习评价存在的问题。

一、评价价值导向

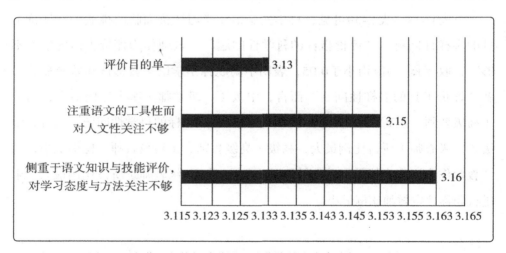

图1-6　小学语文教师对学习评价价值导向存在的问题的认知图

如图1-6所示，"侧重于语文知识与技能评价，对学习态度与方法关注不够"是小学语文学习评价价值导向存在的主要问题。

对"侧重于语文知识与技能评价，对学习态度与方法关注不够"这一指标的解释为：受大环境影响，评价指标还是重视学生成绩的提高，重量化同时缺少对学生态度和方法的考核标准和工具，导致对其关注不够。因此教师建议要尽可能通过多方渠道、通过线上线下结合展示的方式进行评价。此外，在关注学生成绩的同时，应更加注重对学生行为习惯以及态度方法的养成。

表1-40　不同性别小学语文教师对学习评价存在问题的认识差异表

项目	性别	N	均值	标准差	F	Sig.	t	Sig.（双侧）
评价目的单一	男	228	3.25	0.982	3.959	0.047	2.185	0.029
	女	962	3.10	0.922			2.101	0.036
注重语文的工具性而对人文性关注不够	男	228	3.25	1.018	1.826	0.177	1.811	0.070
	女	962	3.12	0.999			1.791	0.074
侧重于语文知识与技能评价，对学习态度与方法关注不够	男	228	3.29	1.067	0.983	0.322	1.966	0.050
	女	962	3.13	1.046			1.942	0.053

由表1-40可见，就小学语文学习评价存在的问题是"注重语文的工具性而对人文性关注不够""侧重于语文知识与技能评价，对学习态度与方法关注不够"，这两个变量，收尾概率p值均大于0.05，未达到显著水平，表明不同性别小学语文教师认知差异不显著。就"评价目的单一"变量而言，收尾概率p值均小于0.05，表明不同性别小学语文教师认知差异显著。对小学语文学习评价存在的问题是评价目的单一，男教师（均值=3.25）的认同度高于女教师（均值=3.10）。对评价不及时，男教师（均值=3.12）的认同度高于女教师（均值=2.91）。

表1-41　城乡小学语文教师对语文学习评价存在问题的认知差异表

项目	地区	N	均值	标准差	F	Sig.	t	Sig.（双侧）
评价目的单一	农村	736	3.12	0.917	6.322	0.012	−0.860	0.390
	城市	342	3.17	0.991			−0.836	0.404
注重语文的工具性而对人文性关注不够	农村	736	3.15	1.002	1.126	0.289	−0.719	0.473
	城市	342	3.19	1.035			−0.710	0.478
侧重于语文知识与技能评价，对学习态度与方法关注不够	农村	736	3.18	1.047	1.745	0.187	0.241	0.810
	城市	342	3.17	1.096			0.237	0.813

由表1-41可见，就小学语文学习评价存在的问题是"评价目的单一""注重语文的工具性而对人文性关注不够""侧重于语文知识与技能评价，对学习态度与方法关注不够"，这三个变量收尾概率p值均大于0.05，未达到显著水平，表明城乡小学语文教师认知差异不显著。

表1-42 不同学历小学语文教师对学习评价存在问题的认知差异表

项目	初中及以下（M±SD）	高中（包括中专、职高）（M±SD）	大专（M±SD）	本科（M±SD）	研究生（M±SD）	F	显著性
评价目的单一	2.67±0.516	3.30±0.940	3.08±0.911	3.16±0.959	3.56±1.014	1.735	0.140
注重语文的工具性而对人文性关注不够	2.67±0.816	3.24±0.874	3.11±1.013	3.16±1.001	4.00±1.000	2.264	0.060
侧重于语文知识与技能评价，对学习态度与方法关注不够	2.83±0.753	3.43±0.910	3.14±1.050	3.16±1.064	3.78±0.972	1.773	0.132
N（人）	6	46	585	544	9		

由表1-42可见，不同学历小学语文教师对学习评价存在问题是"评价目的单一""注重语文的工具性而对人文性关注不够""侧重于语文知识与技能评价，对学习态度与方法关注不够"，这三个变量收尾概率p值均大于0.05，未达到显著水平，表明不同学历小学语文教师认知差异不显著。

表1-43 不同教龄小学语文教师对学习评价存在问题的认知差异表

项目	3年以下（M±SD）	3～10年（M±SD）	11～20年（M±SD）	21年及以上（M±SD）	F	显著性
评价目的单一	2.94±0.929	3.25±0.896	3.07±0.994	3.16±0.910	2.385	0.068
注重语文的工具性而对人文性关注不够	2.95±0.909	3.34±0.917	3.16±1.054	3.12±1.003	2.766	0.041

续　表

项目	3年以下 （M±SD）	3～10年 （M±SD）	11～20年 （M±SD）	21年及以上 （M±SD）	F	显著性
侧重于语文知识与技能评价，对学习态度与方法关注不够	2.88±0.968	3.28±1.001	3.12±1.065	3.20±1.059	3.021	0.029
N（人）	83	134	323	650		

由表1-43可见，不同教龄小学语文教师对学习评价存在问题是"评价目的单一"，这个变量收尾概率p值大于0.05，未达到显著水平，表明不同教龄小学语文教师差异不显著。

就"注重语文的工具性而对人文性关注不够""侧重于语文知识与技能评价，对学习态度与方法关注不够"两个变量而言，其收尾概率p值均小于0.05，达到显著水平，表明不同教龄小学语文教师认知差异显著。就"注重语文的工具性而对人文性关注不够"而言，3～10年教龄教师与3年以下、21年及以上教龄教师认知存在显著差异（$p=0.006$，$0.026<0.05$），3～10年教龄教师的认同程度最高（均值=3.34），3年以下教龄教师的认同程度最低（均值=2.95）。就"侧重于语文知识与技能评价，对学习态度与方法关注不够"而言，3～10年教龄教师和21年及以上教龄教师分别与3年以下教龄教师认知存在显著差异（$p=0.006$，$0.010<0.05$），3～10年教龄教师的认同程度最高（均值=3.28），3年以下教龄教师的认同程度最低（均值=2.88）。

表1-44　不同职称小学语文教师对学习评价存在问题的认知差异表

项目	初级 （二、三级） （M±SD）	中级 （一级） （M±SD）	高级 （高级、正高级） （M±SD）	未评定 （M±SD）	F	显著性
评价目的单一	3.07±0.931	3.14±0.952	3.27±0.898	3.11±0.909	1.538	0.203
注重语文的工具性而对人文性关注不够	3.09±1.026	3.17±0.994	3.17±0.978	3.17±1.010	0.468	0.705

续 表

项目	初级 （二、三级） （M±SD）	中级 （一级） （M±SD）	高级 （高级、正高级） （M±SD）	未评定 （M±SD）	F	显著性
侧重于语文知识与技能评价，对学习态度与方法关注不够	3.12±1.086	3.19±1.033	3.25±1.003	3.11±1.066	0.786	0.502
N（人）	369	526	126	169		

由表1-44可见，不同职称小学语文教师对学习评价存在问题是"评价目的单一""注重语文的工具性而对人文性关注不够""侧重于语文知识与技能评价，对学习态度与方法关注不够"，这三个变量收尾概率p值均大于0.05，未达到显著水平，表明不同职称小学语文教师认知差异不显著。

二、评价主体素养

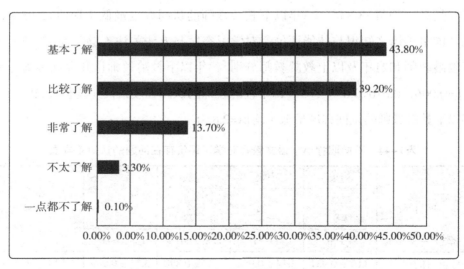

图1-7　小学语文教师对任教学段《全日制义务
教育语文课程标准》课程目标的了解程度图

如图1-7所示，小学教师对任教学段《全日制义务教育语文课程标准》课程目标认识上，接近半数的小学语文教师对任教学段《全日制义务教育语文课程标准》设定的目标了解不够充分或是一点都不了解。原因有以下几点：非语文学科出身的教师没有经过专业的学习和解读；教师在高等教育阶段未学习这类知识，学校机制以及教育部门也没有相关鞭策与要求；一些年长教师表示《课程标准》已经内化到整个教学过程中，对于理论性的语言无法表达得确切，因此了解程度不高。

表1-45　不同性别小学语文教师对任教学段《课程标准》
课程目标的了解程度差异表

项目	性别	N	均值	标准差	F	Sig.	t	Sig.（双侧）
任教学段《全日制义务教育语文课程标准》设定的课程目标	男	228	3.69	0.788	0.418	0.518	1.271	0.204
	女	962	3.62	0.753			1.236	0.217

由表1-45可见，对"任教学段《课程标准》课程目标的了解程度"这个变量而言，收尾概率p值小于0.05，表明不同性别小学语文教师了解程度差异显著，男教师的了解程度（均值=3.69）高于女教师（均值=3.62）。

表1-46　城乡小学语文教师对任教学段《课程标准》
课程目标的了解程度差异表

项目	地区	N	均值	标准差	F	Sig.	t	Sig.（双侧）
任教学段《全日制义务教育语文课程标准》设定的课程目标	农村	736	3.54	0.748	0.881	0.348	−5.350	0.000
	城市	342	3.80	0.762			−5.314	0.000

由表1-7可见，对"任教学段《课程标准》课程目标的了解程度"这个变量而言，收尾概率p值小于0.05，表明城乡任教教师了解程度差异显著，城市任教教师的了解程度（均值=3.80）高于农村教师（均值=3.54）。

表1-47　不同教龄小学语文教师对任教学段《课程标准》
课程目标的了解程度差异表

项目	3年以下 （M±SD）	3～10年 （M±SD）	11～20年 （M±SD）	20年及以上 （M±SD）	F	显著性
任教学段《全日制义务教育语文课程标准》设定的课程目标	3.39±0.695	3.49±0.753	3.62±0.773	3.70±0.754	6.100	0.000
N（人）	83	134	323	650		

由表1-47可见，不同教龄小学语文教师对"学习评价对任教学段《课程标准》课程目标的了解程度"这个变量收尾概率p值小于0.05，表明不同教龄小学语文教师了解程度差异显著。11～20年教龄教师与3年以下教龄教师了解程度存在显著差异（$p=0.012<0.05$）、21年及以上教龄教师与3年以下、3～10年教龄教师了解程度存在显著差异（$p=0.000$，$0.004<0.05$），20年以上教龄教师了解程度最高。

表1-48　不同职称小学语文教师对任教学段《课程标准》
课程目标的了解程度差异表

项目	初级 （二、三级） （M±SD）	中级 （一级） （M±SD）	高级 （高级、正高级） （M±SD）	未评定 （M±SD）	F	显著性
任教学段《全日制义务教育语文课程标准》设定的课程目标	3.52±0.748	3.7±0.764	3.8±0.723	3.4±0.722	12.546	0.000
N（人）	369	526	126	169		

由表1-48可见不同职称小学语文教师对任教学段《课程标准》课程目标的了解程度的收尾概率p值小于0.05，表明不同职称小学语文教师差异显著。中级（一级）教师与初级（二、三级）教师、未评定职称教师了解程度存在显著差异（$p=0.000$，$0.000<0.05$），高级（高级、正高级）教师与初级（二、三级）教师、未评定职称教师了解程度存在显著差异（$p=0.000$，$0.000<0.05$），高级教师的了解程度最高。

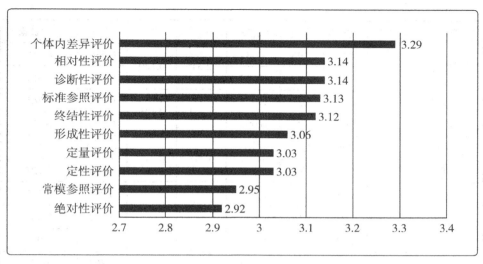

图1-8　小学语文教师对各种评价类型的了解程度对比图

如图1-8所示，小学语文教师对各种学习评价类型的内涵与使用方法，最了解的是"个体内差异评价"，最不了解的是"绝对性评价"。"个体内差异评价"作为最不容易使用的评价方法，却在问卷调查中位居首位。经访谈，许多教师表示在日常的练习过程中，发现对知识掌握不牢固的学生，他们就会在课下进行讲解并制定与学生水平相当的专项训练，关注一段时间内学生的知识掌握情况，属较为常用的评价类型；对于最不了解的"绝对性评价"，教师普遍可能存在对专业术语、内涵的理解偏差。

表1-49　不同性别小学语文教师对各种学习评价类型了解程度的认知差异表

项目	性别	N	均值	标准差	F	Sig.	t	Sig.（双侧）
诊断性评价	男	228	3.18	0.944	1.173	0.279	0.898	0.369
	女	962	3.12	0.908			0.877	0.381
形成性评价	男	228	3.14	0.979	1.695	0.193	1.373	0.17
	女	962	3.04	0.95			1.348	0.178
终结性评价	男	228	3.21	1.044	7.775	0.005	1.503	0.133
	女	962	3.1	0.964			1.431	0.153
相对性评价	男	228	3.21	0.954	2.317	0.128	1.347	0.178
	女	962	3.12	0.911			1.309	0.191

续 表

项目	性别	N	均值	标准差	F	Sig.	t	Sig.（双侧）
绝对性评价	男	228	2.96	1.057	2.31	0.129	0.586	0.558
	女	962	2.91	0.933			0.543	0.587
个体内差异评价	男	228	3.31	0.977	2.341	0.126	0.299	0.765
	女	962	3.29	0.909			0.286	0.775
常模参照评价	男	228	2.93	1.01	0.778	0.378	−0.357	0.721
	女	962	2.95	0.968			−0.348	0.728
标准参照评价	男	228	3.18	0.985	2.092	0.148	0.984	0.325
	女	962	3.12	0.941			0.957	0.339
定性评价	男	228	3.13	0.992	3.891	0.049	1.767	0.077
	女	962	3	0.934			1.703	0.09
定量评价	男	228	3.2	0.98	3.372	0.067	3.034	0.002
	女	962	2.98	0.946			2.969	0.003

由表1-49可见，就"定量评价"这个变量而言，收尾概率 p 值均小于0.05，表明不同性别小学语文教师了解程度差异显著。对"定量评价"的内涵与使用方法的了解程度，男教师（均值=3.2）高于女教师（均值=2.98）。

表1-50　城乡小学语文教师对各种学习评价类型了解程度的认知差异表

项目		N	均值	标准差	F	Sig.	t	Sig.（双侧）
诊断性评价	农村	736	3.05	0.904	9.566	0.002	−4.674	0.000
	城市	342	3.33	0.928			−4.629	0.000
形成性评价	农村	736	2.99	0.932	17.392	0.000	−4.441	0.000
	城市	342	3.27	1.012			−4.310	0.000
终结性评价	农村	736	3.02	0.964	11.271	0.001	−4.993	0.000
	城市	342	3.34	0.999			−4.928	0.000
相对性评价	农村	736	3.08	0.935	1.129	0.288	−3.711	0.000
	城市	342	3.30	0.894			−3.773	0.000
绝对性评价	农村	736	2.87	0.945	1.842	0.175	−3.339	0.001
	城市	342	3.08	0.989			−3.284	0.001

项目		N	均值	标准差	F	Sig.	t	Sig.（双侧）
个体内差异评价	农村	736	3.24	0.914	4.162	0.042	−2.982	0.003
	城市	342	3.42	0.953			−2.937	0.003
常模参照评价	农村	736	2.90	0.952	4.378	0.037	−3.443	0.001
	城市	342	3.12	1.017			−3.361	0.001
标准参照评价	农村	736	3.07	0.929	8.840	0.003	−4.069	0.000
	城市	342	3.32	0.966			−4.013	0.000
定性评价	农村	736	2.96	0.929	6.772	0.009	−4.313	0.000
	城市	342	3.22	0.967			−4.249	0.000
定量评价	农村	736	2.97	0.952	3.855	0.050	−3.358	0.001
	城市	342	3.18	0.961			−3.347	0.001

由表1–50可见，就"诊断性评价""形成性评价""终结性评价""相对性评价""绝对性评价""个体内差异评价""常模参照评价""标准参照评价""定性评价""定量评价"这十个变量的内涵与使用方法了解程度而言，收尾概率p值均小于0.05，表明城乡小学语文教师差异显著。

对于"诊断性评价"，城市任教教师的了解程度（均值=3.33）高于农村任教教师（均值=3.05）。对于"形成性评价"，城市任教教师（均值=3.27）的了解程度高于农村任教教师（均值=2.99）。对于"终结性评价"，城市任教教师（均值=3.34）的了解程度高于农村任教教师（均值=3.02）。对于"相对性评价"，城市任教教师（均值=3.30）的了解程度高于农村任教教师（均值=3.08）。对于"绝对性评价"，城市任教教师（均值=3.08）的了解程度高于农村任教教师（均值=2.87）。对于"个体内差异评价"，城市任教教师（均值=3.42）的了解程度高于农村任教教师（均值=3.24）。对于"常模参照评价"，城市任教教师（均值=3.12）的了解程度高于农村任教教师（均值=2.90）。对于"标准参照评价"，城市任教教师（均值=3.32）的了解程度高于农村任教教师（均值=3.07）。对于"定性评价"，城市任教教师（均值=3.22）的了解程度高于农村任教教师（均值=2.96）。对于"定量评价"，城市任教教师（均值=3.18）的了解程度高于农村任教教师（均值=2.97）。

表1-51　不同任教年级小学语文教师对各种学习
评价类型了解程度的认知差异表

项目	低年级 （M±SD）	中年级 （M±SD）	高年级 （M±SD）	F	显著性
诊断性评价	3.15±0.928	3.21±0.903	3.05±0.908	2.987	0.051
形成性评价	3.06±0.952	3.13±0.951	2.99±0.964	2.076	0.126
终结性评价	3.11±1.009	3.2±0.926	3.05±0.999	2.425	0.089
相对性评价	3.13±0.926	3.22±0.875	3.07±0.954	2.451	0.087
绝对性评价	2.93±0.967	2.99±0.905	2.85±0.997	2.234	0.108
个体内差异评价	3.26±0.962	3.36±0.875	3.27±0.924	1.620	0.198
常模参照评价	2.91±0.942	3.08±0.954	2.85±1.021	6.138	0.002
标准参照评价	3.12±0.936	3.21±0.914	3.05±0.994	2.982	0.051
定性评价	3.00±0.943	3.11±0.902	2.98±0.990	2.113	0.121
定量评价	3.03±0.979	3.10±0.889	2.94±0.993	2.782	0.062
N（人）	415	394	381		

由表1-51可见，"常模参照评价"这个评价类型收尾概率p值小于0.05，表明不同任教年级小学语文教师认知差异显著。低年级任教教师与中年级任教教师认知存在显著差异（$p=0.013<0.05$），中年级任教教师与高年级任教教师认知存在显著差异（$p=0.001<0.05$），中年级任教教师对常模参照评价最了解（均值=3.08），高年级教师对其最不了解（均值=2.85）。

表1-52　不同学历小学语文教师对各种学习评价类型了解程度的认知差异表

项目	初中及以下 （M±SD）	高中（包括中专、职高） （M±SD）	大专 （M±SD）	本科 （M±SD）	研究生 （M±SD）	F	显著性
诊断性评价	2.50±1.049	3.07±0.879	3.08±0.924	3.20±0.898	3.44±1.130	2.388	0.049
形成性评价	2.33±1.211	2.93±0.975	2.98±0.964	3.16±0.929	3.56±1.130	4.393	0.002
终结性评价	2.17±1.169	3.15±0.894	3.05±0.969	3.18±0.983	4.00±1.118	4.457	0.001
相对性评价	2.17±0.753	3.07±0.879	3.10±0.941	3.21±0.894	3.11±1.054	2.850	0.023
绝对性评价	2.33±0.816	2.93±0.929	2.86±0.944	2.99±0.972	3.22±0.972	2.264	0.060

续　表

项目	初中及以下	高中（包括中专、职高）	大专	本科	研究生	F	显著性
	（M±SD）	（M±SD）	（M±SD）	（M±SD）	（M±SD）		
个体内差异评价	2.50±1.049	3.33±0.818	3.22±0.949	3.39±0.889	3.11±1.054	3.570	0.007
常模参照评价	2.17±0.753	2.93±0.827	2.91±0.955	3.00±1.007	2.89±1.054	1.583	0.177
标准参照评价	2.00±1.265	3.07±0.904	3.09±0.947	3.19±0.946	3.33±0.866	3.045	0.016
定性评价	2.50±1.049	3.00±0.789	2.99±0.935	3.07±0.966	3.33±1.000	1.289	0.272
定量评价	2.00±0.632	2.98±0.931	3.01±0.945	3.05±0.967	3.44±1.014	2.319	0.055
N（人）	6	46	585	544	9		

由表1-52可见，就"诊断性评价""形成性评价""终结性评价""相对性评价""个体内差异评价""标准参照评价"这六个变量而言，收尾概率p值均小于0.05，表明不同学历小学语文教师认知差异显著。

对"诊断性评价"而言，大专学历教师与本科学历教师认知存在显著差异（$p=0.021<0.05$）、研究生学历教师的了解程度最高（均值=3.44），初中以下学历教师的了解程度最低（均值=2.5）。对"形成性评价"而言，初中以下学历教师与本科、研究生学历教师认知存在显著差异（$p=0.034<0.05$，$p=0.015<0.05$）、大专学历教师与本科学历教师认知存在显著差异（$p=0.001<0.05$），研究生学历教师的了解程度最高（均值=3.56），初中以下学历教师的了解程度最低（均值=2.33）。就"终结性评价"而言，初中以下学历教师分别与高中（包括中专、职高）、大专、本科、研究生学历教师认知存在显著差异、高中（包括中专、职高）学历教师与研究生学历教师认知存在显著差异、大专学历教师与本科、研究生学历教师认知存在显著差异，以及本科学历教师与研究生学历教师认知存在显著差异（$p=0.020<0.05$，$p=0.027<0.05$，$p=0.011<0.05$，$p=0.000<0.05$，$p=0.017<0.05$，$p=0.031<0.05$，$p=0.004<0.05$，$p=0.012<0.05$），研究生学历教师的了解程度最高（均值=4.00），初中以下

学历教师的了解程度最低（均值=2.17），初中以下学历教师与研究生学历教师的了解程度差异较大。就"相对性评价"而言，初中以下学历教师分别与高中（包括中专、职高）、大专、本科学历教师认知存在显著差异、大专学历教师与本科学历教师认知存在显著差异（$p=0.024<0.05$，$p=0.014<0.05$，$p=0.006<0.05$，$p=0.041<0.05$），本科学历教师的了解程度最高（均值=3.21），初中以下学历教师的了解程度最低（均值=2.17）。就"个体内差异评价"而言，初中以下学历教师分别与高中（包括中专、职高）、本科学历教师认知存在显著差异、大专学历教师与本科学历教师认知存在显著差异（$p=0.038<0.05$，$p=0.019<0.05$，$p=0.002<0.05$），本科学历教师的了解程度最高（均值=3.39），初中以下学历教师的了解程度最低（均值=2.50）。就"标准参照评价"而言，初中以下学历教师分别与高中（包括中专、职高）、大专、本科、研究生学历教师认知存在显著差异（$p=0.010<0.05$，$p=0.005<0.05$，$p=0.002<0.05$，$p=0.008<0.05$），研究生学历教师的了解程度最高（均值=3.33），初中以下学历教师的了解程度最低（均值=2.00），研究生学历教师与初中以下学历教师差距比较大。

表1-53　不同教龄小学语文教师对各种学习评价类型了解程度的认知差异表

项目	3年以下 （M±SD）	3～10年 （M±SD）	11～20年 （M±SD）	21年及以上 （M±SD）	F	显著性
诊断性评价	3.36±0.708	3.37±0.872	3.05±0.956	3.10±0.916	5.878	0.001
形成性评价	3.35±0.740	3.34±0.933	2.94±0.998	3.03±0.948	8.218	0.000
终结性评价	3.40±0.748	3.31±0.969	3.01±1.003	3.10±0.987	5.578	0.001
相对性评价	3.39±0.713	3.34±0.927	3.08±0.907	3.10±0.939	5.112	0.002
绝对性评价	3.27±0.682	3.22±0.929	2.86±0.995	2.85±0.956	9.667	0.000
个体内差异评价	3.37±0.776	3.52±0.899	3.25±0.953	3.26±0.924	3.506	0.015
常模参照评价	3.17±0.809	3.31±0.975	2.83±0.962	2.90±0.983	9.757	0.000
标准参照评价	3.35±0.671	3.38±0.924	3.01±0.987	3.11±0.953	6.468	0.000
定性评价	3.22±0.766	3.14±0.959	2.93±0.985	3.03±0.940	3.025	0.029
定量评价	3.14±0.783	3.10±0.944	2.90±1.001	3.06±0.952	2.785	0.040
N（人）	83	134	323	650		

由表1-53可见，就不同教龄小学语文教师对"诊断性评价""形成性评价""终结性评价""相对性评价""绝对性评价""个体内差异评价""常模参照评价""标准参照评价""定性评价""定量评价"这十个变量的内涵与使用方法了解程而言，收尾概率p值均小于0.05，表明不同教龄小学语文教师差异显著。

对"诊断性评价"的认知，3年以下教龄教师分别与11～20年、21年及以上教龄教师存在显著差异（$p=0.005$，$0.015<0.05$）、3～10年与11～20年、21年及以上教龄教师存在显著差异（$p=0.021<0.05$），3～10年教龄教师的了解程度最高（均值=3.37），11～20年教龄教师的了解程度最低（均值=3.05）。对"形成性评价"的认知，3年以下教龄教师与11～20年、21年及以上教龄教师存在显著差异（$p=0.001$，$0.004<0.05$）、3～10年教龄教师与11～20年、21年及以上教龄教师存在显著差异（$p=0.000$，$0.001<0.05$），3年以下教龄教师的了解程度最高（均值=3.35），11～20年教龄教师的了解程度最低（均值=2.94）。对"终结性评价"的认知，3年以下教龄教师分别与11～20年、21年及以上教龄教师存在显著差异（$p=0.001$，$0.009<0.05$）、3～10年教龄教师与11～20年、21年及以上教龄教师存在显著差异（$p=0.002$，$0.020<0.05$），3年以下教龄教师的了解程度最高（均值=3.40），11～20教龄教师的了解程度最低（均值=3.01）。对"绝对性评价"的认知，3年以下教龄教师分别与11～20年、21年及以上教龄教师存在显著差异（$p=0.006$，$0.008<0.05$）、3～10年教龄教师与11～20年、21年及以上教龄教师存在显著差异（$p=0.005$，$0.005<0.05$），3年以下教龄教师的了解程度最高（均值=3.39），11～20年教龄教师的了解程度最低（均值=3.08）。对"个体内差异评价"的认知，3～10年教龄教师与11～20年、21年及以上教龄教师存在显著差异（$p=0.004$，$0.003<0.05$），3～10年教龄教师的了解程度最高（均值=3.52），11～20年教龄教师的了解程度最低（均值=3.25）。对"常模参照评价"的认知，3年以下教龄教师分别与11～20年、21年及以上教龄教师存在显著差异（$p=0.004$，$0.018<0.05$）、3～10年教龄教师与11～20年、21年及以上教龄教师存在显著差异（$p=0.000$，$0.000<0.05$），3～10年教龄教师的了解程度最高（均值=3.31），11～20年教龄教师的了解程度最低（均值=2.83）。

対"标准参照评价"的认知，3年以下教龄教师分别与11～20年、21年及以上教龄教师存在显著差异（p=0.004，0.018<0.05）、3～10年教龄教师与11～20年、21年及以上教龄教师存在显著差异（p=0.000，0.000<0.05），3～10年教龄教师的了解程度最高（均值=3.38），11～20年教龄教师的了解程度最低（均值=3.01）。对"定性评价"的认知，3年以下教龄教师与11～20年教龄教师存在显著差异（p=0.012<0.05）、3～10年教龄教师与11～20年教龄教师存在显著差异（p=0.026<0.05），3年以下教龄教师的了解程度最高（均值=3.22），11～20年教龄教师的了解程度最低（均值=2.93）。对"定量评价"的认知，3年以下教龄教师与11～20年教龄教师存在显著差异（p=0.038<0.05）、3～10年教龄教师与11～20年教龄教师存在显著差异（p=0.038<0.05），3年以下教龄教师的了解程度最高（均值=3.14），11～20年教龄教师的了解程度最低（均值=2.90）。

表1-54　不同职称小学语文教师对各种学习评价类型了解程度的认知差异表

项目	初级（二、三级）（M±SD）	中级（一级）（M±SD）	高级（高级、正高级）（M±SD）	未评定（M±SD）	F	显著性
诊断性评价	3.10±0.940	3.12±0.915	3.15±0.939	3.25±0.837	1.106	0.346
形成性评价	3.00±0.937	3.03±0.998	3.18±0.871	3.20±0.910	2.582	0.052
终结性评价	3.07±1.007	3.08±0.976	3.21±0.966	3.27±0.931	2.281	0.078
相对性评价	3.11±0.926	3.13±0.934	3.13±0.898	3.26±0.875	1.143	0.330
绝对性评价	2.90±0.971	2.89±0.963	2.83±1.002	3.15±0.850	3.810	0.010
个体内差异评价	3.25±0.907	3.29±0.949	3.30±0.879	3.40±0.902	1.105	0.346
常模参照评价	2.94±0.955	2.93±0.991	2.82±1.015	3.11±0.929	2.451	0.062
标准参照评价	3.09±0.969	3.13±0.973	3.10±0.884	3.24±0.875	1.000	0.392
定性评价	2.97±0.938	3.00±0.977	3.17±0.883	3.15±0.897	2.496	0.058
定量评价	2.98±0.947	3.03±0.991	3.11±0.914	3.05±0.898	0.600	0.615
N（人）	369	526	126	169		

由表1-54可见，不同职称小学语文教师对学习评价类型中"绝对性评价"这个变量的内涵与使用方法的了解程度收尾概率p值小于0.05，表明不同职称小

学语文教师差异显著。就"绝对性评价"而言，未评定职称教师与初级（二、三级）教师、中级（一级）教师、高级（高级、正高级）教师了解程度存在显著差异（$p=0.005$，0.002，$0.005<0.05$）。未评定职称的教师的了解程度最高（均值=3.15），高级（高级、正高级）教师的了解程度最低（均值=2.83）。

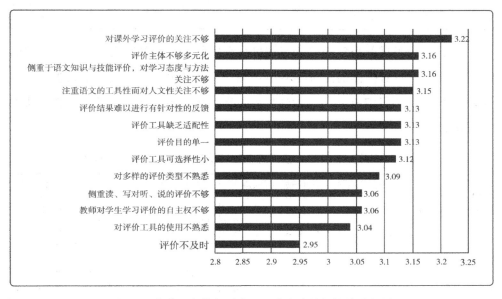

图1-9　小学语文教师对学习评价存在的问题的认知图

如图1-9可见，"对课外学习评价的关注不够""评价主体不够多元化""侧重于语文知识与技能评价，对学习态度与方法关注不够"是小学语文教师在学生学习评价时存在的主要问题。对于"评价主体不够多元化"这一指标，学生在校时间相对较多，目前主要集中于教师主体的评价，虽然课外活动、家庭作业布置等也有家长等评价主体的参与，但其参与相对较少。

表1-55　不同性别小学语文教师对学习评价存在问题的认识差异表

项目	性别	N	均值	标准差	F	Sig.	t	Sig.（双侧）
评价主体不够多元化	男	228	3.26	0.997	2.739	0.098	1.700	0.089
	女	962	3.14	0.954			1.654	0.099
教师对学生学习评价的自主权不够	男	228	3.14	1.057	7.507	0.006	1.402	0.161
	女	962	3.04	0.970			1.329	0.185

项目	性别	N	均值	标准差	F	Sig.	t	Sig.（双侧）
对多样的评价类型不熟悉	男	228	3.15	1.010	2.797	0.095	1.085	0.278
	女	962	3.08	0.946			1.042	0.298
对评价工具的使用不熟悉	男	228	3.09	1.013	3.898	0.049	0.962	0.336
	女	962	3.02	0.950			0.925	0.356

由表1-55可见，小学语文学习评价存在的问题是"教师对学生学习评价的自主权不够""对多样的评价类型不熟悉""对评价工具的使用不熟悉"，变量收尾概率p值均大于0.05，未达到显著水平，表明不同性别小学语文教师认识差异不显著。

表1-56　城乡小学语文教师对学习评价存在问题的认识差异表

项目	地区	N	均值	标准差	F	Sig.	t	Sig.（双侧）
评价主体不够多元化	农村	736	3.15	0.942	4.940	0.026	−0.370	0.712
	城市	342	3.18	1.028			−0.358	0.720
教师对学生学习评价的自主权不够	农村	736	3.05	0.974	2.167	0.141	−0.379	0.705
	城市	342	3.08	1.026			−0.372	0.710
对多样的评价类型不熟悉	农村	736	3.08	0.942	4.060	0.044	−0.370	0.712
	城市	342	3.10	1.011			−0.360	0.719
对评价工具的使用不熟悉	农村	736	3.03	0.949	2.078	0.150	−0.082	0.934
	城市	342	3.04	0.998			−0.081	0.936

由表1-56可见，小学语文学习评价存在的问题是"评价主体不够多元化""教师对学生学习评价的自主权不够""对多样的评价类型不熟悉""对评价工具的使用不熟悉"，变量收尾概率p值均大于0.05，未达到显著水平，表明城乡小学语文教师认识差异不显著。

表1-57　不同学历小学语文教师对学习评价存在问题的认识差异表

项目	初中及以下 （M±SD）	高中（包括中专、职高） （M±SD）	大专 （M±SD）	本科 （M±SD）	研究生 （M±SD）	F	显著性
评价主体不够多元化	2.83±1.169	3.20±0.719	3.14±0.985	3.19±0.960	3.33±0.707	0.469	0.759
教师对学生学习评价的自主权不够	2.67±0.816	3.11±0.971	3.07±0.994	3.04±0.983	3.44±1.014	0.669	0.613
对多样的评价类型不熟悉	3.00±1.414	2.93±0.800	3.06±0.969	3.14±0.959	3.22±0.667	0.883	0.473
对评价工具的使用不熟悉	3.33±1.033	2.98±0.906	3.02±0.957	3.06±0.976	3.11±0.782	0.309	0.872
N（人）	6	46	585	544	9		

由表1-57可见，不同学历小学语文教师对学习评价存在问题是"评价主体不够多元化""教师对学生学习评价的自主权不够""对多样的评价类型不熟悉""对评价工具的使用不熟悉"，变量收尾概率p值均大于0.05，未达到显著水平，表明不同学历小学语文教师差异不显著。

表1-58　不同教龄小学语文教师对学习评价存在问题的认识差异表

项目	3年以下 （M±SD）	3～10年 （M±SD）	11～20年 （M±SD）	21年及以上 （M±SD）	F	显著性
评价主体不够多元化	2.99±0.848	3.23±0.925	3.20±0.976	3.15±0.977	1.284	0.278
教师对学生学习评价的自主权不够	2.83±0.853	3.16±0.949	3.03±0.974	3.08±1.014	2.099	0.099
对多样的评价类型不熟悉	2.78±0.842	3.19±0.903	3.11±0.974	3.10±0.971	3.386	0.018
对评价工具的使用不熟悉	2.72±0.801	3.12±0.918	3.05±0.963	3.06±0.984	3.387	0.018
N（人）	83	134	323	650		

由表1-58可见，不同教龄小学语文教师对学习评价存在问题是"评价主体不够多元化""教师对学生学习评价的自主权不够"，变量收尾概率p值均大于0.05，未达到显著水平，表明不同教龄小学语文教师认识差异不显著。

就"对多样的评价类型不熟悉""对评价工具的使用不熟悉"变量而言，收尾概率p值小于0.05，达到显著水平，表明不同教龄小学语文教师认识差异显著。就"对多样的评价类型不熟悉"，3～10年教龄教师、11～20年、21年及以上教龄教师分别与3年以下教龄教师认识存在显著差异（$p=0.003$，0.006，0.004<0.05），3～10年教龄教师的认同程度最高（均值=3.19），3年以下教龄教师的认同程度最低（均值=2.78）。就"对评价工具的使用不熟悉"，3～10年教龄教师、11～20年、21年及以上教龄教师分别与3年以下教龄教师认识存在显著差异（$p=0.003$，0.006，0.003<0.05），3～10年教龄教师的认同程度最高（均值=3.12），3年以下教龄教师的认同程度最低（均值=2.72）。

表1-59 不同职称小学语文教师对学习评价存在问题的认识差异表

项目	初级	中级	高级	未评定	F	显著性
	（二、三级）	（一级）	（高级、正高级）			
	（M±SD）	（M±SD）	（M±SD）	（M±SD）		
评价主体不够多元化	3.14±0.990	3.17±0.972	3.28±0.882	3.09±0.934	0.951	0.415
教师对学生学习评价的自主权不够	3.02±0.982	3.12±0.984	3.10±0.999	2.92±0.991	2.134	0.094
对多样的评价类型不熟悉	3.06±0.969	3.15±0.984	3.18±0.814	2.91±0.938	3.248	0.021
对评价工具的使用不熟悉	3.02±0.976	3.10±0.986	3.10±0.871	2.83±0.893	3.572	0.014
N（人）	369	526	126	169		

由表1-59可见，不同职称小学语文教师对学习评价存在问题是"对多样的评价类型不熟悉""对评价工具的使用不熟悉"变量的收尾概率p值小于0.05，表明不同职称小学语文教师认识差异显著。就"对多样的评价类型不熟

悉"而言，中级（一级）教师、高级（高级、正高级）教师分别与未评定职称教师认识存在显著差异（p=0.004，0.016<0.05），高级（高级、正高级）教师的认同程度最高（均值=3.18），未评定职称的教师的认同程度最低（均值=2.91）。就"对评价工具的使用不熟悉"，初级（二、三级）教师、中级（一级）教师、级（高级、正高级）教师分别与未评定职称教师认识存在显著差异（p=0.028，0.001，0.018<0.05），中、高级（高级、正高级）教师的认同程度最高（均值=3.10），未评定职称的教师的认同程度最低（均值=2.83）。

三、评价工具

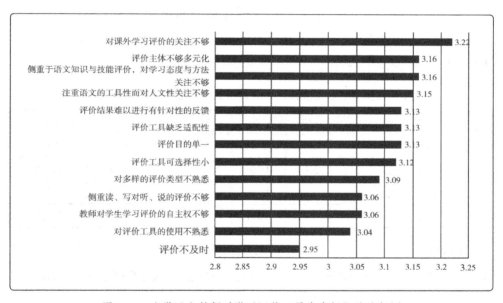

图1-10　小学语文教师对学习评价工具存在问题的认知图

如图1-10所示，对课外学习评价的关注不够；评价主体不够多元化；侧重于语文知识与技能评价，对学习态度与方法关注不够是小学语文教师认为学习评价工具存在的主要问题。

"对课外学习评价的关注不够"这一指标我们在访谈中了解到：教师普遍认为课外活动相对较少，原因在于课内学习的工作量比较大。此外，课外活动会存在教师在场或不在场两种情况，教师在场时，一般会根据学生的表现及时评价与反馈；教师不在场只能通过外界评价，诸如与家长沟通、协作，通过线上的方式对学生进行评价，由于课外活动无法保证教师时时刻刻都在场，因此也就不能对学生当前的学习状况进行即时评价与反馈。

表1-60　不同性别小学语文教师对学习评价工具存在的问题的认识差异表

项目	性别	N	均值	标准差	F	Sig.	t	Sig.（双侧）
评价工具可选择性小	男	228	3.19	0.961	2.704	0.100	1.376	0.169
	女	962	3.10	0.909			1.330	0.184
评价工具缺乏适配性	男	228	3.23	0.959	2.433	0.119	1.842	0.066
	女	962	3.11	0.916			1.791	0.074

由表1-60可见，小学语文学习评价存在的问题是"评价工具可选择性小""评价工具缺乏适配性"，变量收尾概率p值大于0.05，未达到显著水平，表明不同性别小学语文教师认识差异不显著。

表1-61　城乡小学语文教师对学习评价工具存在的问题的认识差异表

项目	地区	N	均值	标准差	F	Sig.	t	Sig.（双侧）
评价工具可选择性小	农村	736	3.09	0.904	8.295	0.004	-1.098	0.273
	城市	342	3.16	0.986			-1.063	0.288
评价工具缺乏适配性	农村	736	3.11	0.913	2.799	0.095	-0.379	0.705
	城市	342	3.13	0.971			-0.370	0.711

由表1-61可见，小学语文学习评价存在的问题是"评价工具可选择性小""评价工具缺乏适配性"，变量收尾概率p值均大于0.05，未达到显著水平，表明城乡小学语文教师认识差异不显著。

表1-62　不同学历小学语文教师对学习评价工具存在的问题的认识差异表

项目	初中及以下（M±SD）	高中（包括中专、职高）（M±SD）	大专（M±SD）	本科（M±SD）	研究生（M±SD）	F	显著性
评价工具可选择性小	2.67±0.816	3.17±0.769	3.10±0.918	3.13±0.932	3.33±1.118	0.593	0.668

续　表

项目	初中及以下（M±SD）	高中（包括中专、职高）（M±SD）	大专（M±SD）	本科（M±SD）	研究生（M±SD）	F	显著性
评价工具缺乏适配性	3.17 ± 0.408	3.20 ± 0.778	3.10 ± 0.940	3.15 ± 0.927	3.33 ± 0.866	0.377	0.825
N（人）	6	46	585	544	9		

由表1-62可见，不同学历小学语文教师对学习评价存在问题是"评价工具可选择性小""评价工具缺乏适配性"，变量收尾概率p值均大于0.05，未达到显著水平，表明不同学历小学语文教师认知差异不显著。

表1-63　不同教龄小学语文教师对学习评价工具存在的问题的认识差异表

项目	3年以下（M±SD）	3～10年（M±SD）	11～20年（M±SD）	21年及以上（M±SD）	F	显著性
评价工具可选择性小	2.84 ± 0.788	3.19 ± 0.809	3.11 ± 0.947	3.14 ± 0.938	2.895	0.034
评价工具缺乏适配性	2.93 ± 0.823	3.16 ± 0.860	3.15 ± 0.936	3.14 ± 0.943	1.459	0.224
N（人）	83	134	323	650		

由表1-63可见，不同教龄小学语文教师对学习评价存在问题是"评价工具缺乏适配性"，变量收尾概率p值大于0.05，未达到显著水平，表明不同教龄小学语文教师认识差异不显著。

就"评价工具可选择性小"变量而言，收尾概率p值小于0.05，达到显著水平，表明不同教龄小学语文教师认识差异显著。就"评价工具可选择性小"，3～10年教龄教师、11～20年、21年及以上教龄教师分别与3年以下教龄教师认识存在显著差异（p=0.006，0.016，0.006<0.05），3～10年教龄教师的认同程度最高（均值=3.19），3年以下教龄教师的认同程度最低（均值=2.84）。

表1-64　不同职称小学语文教师对学习评价工具存在的问题的认识差异表

项目	初级	中级	高级	未评定	F	显著性
	（二、三级）	（一级）	（高级、正高级）			
	（M±SD）	（M±SD）	（M±SD）	（M±SD）		
评价工具可选择性小	3.10±0.934	3.14±0.939	3.25±0.819	2.99±0.886	2.183	0.088
评价工具缺乏适配性	3.11±0.962	3.17±0.933	3.21±0.845	2.99±0.863	2.033	0.107
N（人）	369	526	126	169		

由表1-64可见，不同职称小学语文教师对学习评价存在问题是"评价工具可选择性小""评价工具缺乏适配性"，变量收尾概率p值均大于0.05，未达到显著水平，表明不同职称小学语文教师认识差异不显著。

四、评价内容

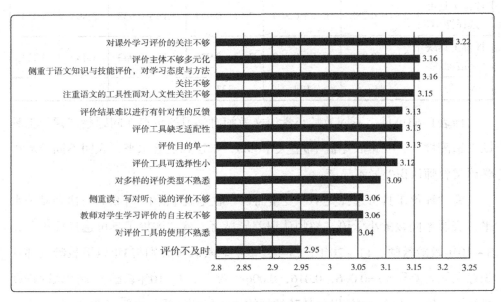

图1-11　小学语文学习评价内容存在的问题图

如图1-11所示，对课外学习评价的关注不够是小学语文学习评价内容方面存在的主要问题。

表1-65 不同性别小学语文教师对学习评价内容存在的问题的认识差异表

	性别	N	均值	标准差	F	Sig.	t	Sig.（双侧）
对课外学习评价的关注不够	男	228	3.34	1.000	1.478	0.224	2.023	0.043
	女	962	3.19	0.996			2.018	0.044
侧重读、写对听、说的评价不够	男	228	3.22	1.064	2.311	0.129	2.540	0.011
	女	962	3.02	1.033			2.493	0.013

就"对课外学习评价的关注不够""侧重读、写对听、说的评价不够"变量而言，收尾概率p值小于0.05，表明不同性别小学语文教师认识差异显著。对课外学习评价的关注不够，男教师（均值=3.34）的认同度高于女教师（均值=3.19）。对侧重读、写对听、说的评价不够，男教师（均值=3.22）的认同度高于女教师（均值=3.02）。

表1-66 城乡小学语文教师对学习评价内容存在的问题的认识差异表

		N	均值	标准差	F	Sig.	t	Sig.（双侧）
对课外学习评价的关注不够	农村	736	3.22	0.986	3.159	0.076	−0.317	0.752
	城市	342	3.24	1.041			−0.310	0.756
侧重读、写对听、说的评价不够	农村	736	3.09	1.032	0.608	0.436	0.863	0.388
	城市	342	3.03	1.075			0.851	0.395

由表1-66可见，小学语文学习评价内容存在的问题是"对课外学习评价的关注不够""侧重读、写对听、说的评价不够"，变量收尾概率p值大于0.05，未达到显著水平，表明城乡小学语文教师认识差异不显著。

表1-67 不同学历小学语文教师对学习评价内容存在的问题的认识差异表

项目	初中及以下（M±SD）	高中（包括中专、职高）（M±SD）	大专（M±SD）	本科（M±SD）	研究生（M±SD）	F	显著性
对课外学习评价的关注不够	3.17±0.983	3.09±0.865	3.22±1.006	3.23±1.006	3.56±0.726	0.469	0.759
侧重读、写对听、说的评价不够	2.33±1.033	2.74±0.976	3.14±1.052	3.02±1.024	3.22±1.302	2.890	0.021
N（人）	6	46	585	544	9		

由表1-67可见，不同学历小学语文教师对学习评价存在问题是"对课外学习评价的关注不够"，变量收尾概率p值均大于0.05，未达到显著水平，表明不同学历小学语文教师认识差异不显著。

对于"侧重读、写对听、说的评价不够"这个变量而言，收尾概率p值小于0.05，达到显著水平，表明不同学历小学语文教师差异显著。高中（包括中专、职高）学历教师与大专学历教师认识存在显著差异（$p=0.013<0.05$），研究生学历教师的认同程度最高（均值=3.22），初中以下学历教师的认同程度最低（均值=2.33）。

表1-68　不同教龄小学语文教师对学习评价内容存在的问题的认识差异表

项目	3年以下（M ± SD）	3～10年（M ± SD）	11～20年（M ± SD）	21年及以上（M ± SD）	F	显著性
对课外学习评价的关注不够	2.93 ± 0.894	3.28 ± 0.937	3.21 ± 1.021	3.25 ± 1.007	2.681	0.046
侧重读、写对听、说的评价不够	2.70 ± 0.880	3.11 ± 1.031	3.02 ± 1.029	3.12 ± 1.060	4.302	0.005
N（人）	83	134	323	650		

由表1-68可见，就"侧重读、写对听、说的评价不够""对课外学习评价的关注不够"变量而言，收尾概率p值均小于0.05，达到显著水平，表明不同教龄小学语文教师认识差异显著。就"侧重读、写，对听、说的评价不够"，3～10年教龄教师、11～20年、21年及以上教龄教师分别与3年以下教龄教师认识存在显著差异（$p=0.004$，0.012，$0.001<0.05$），21年及以上教龄教师的认同程度最高（均值=3.12），3年以下教龄教师的认同程度最低（均值=2.70）。就"对课外学习评价的关注不够"，3～10年教龄教师、11～20年、21年及以上教龄教师分别与3年以下教龄教师认识存在显著差异（$p=0.012$，0.021，$0.006<0.05$），3～10年教龄教师的认同程度最高（均值=3.28），3年以下教龄教师的认同程度最低（均值=2.93）。

表1-69   不同职称小学语文教师对学习评价内容存在的问题的认识差异表

项目	初级 (二、三级) (M±SD)	中级 (一级) (M±SD)	高级 (高级、正高级) (M±SD)	未评定 (M±SD)	F	显著性
对课外学习评价的关注不够	3.21 ± 1.004	3.25 ± 0.999	3.36 ± 0.967	3.04 ± 0.990	2.751	0.042
侧重读、写对听、说的评价不够	3.01 ± 1.059	3.10 ± 1.038	3.22 ± 0.954	2.93 ± 1.061	2.431	0.064
N（人）	369	526	126	169		

由表1-69可见，不同职称小学语文教师对学习评价存在问题是"对课外学习评价的关注不够"变量的收尾概率p值均小于0.05，表明不同职称小学语文教师认识差异显著。就"对课外学习评价的关注不够"，中级（一级）教师、高级（高级、正高级）教师分别与未评定职称教师存在显著差异（$p=0.020$，$0.007<0.05$）。高级（高级、正高级）教师的认同程度最高（均值=3.36），未评定职称的教师的认同程度最低（均值=3.04），不同职称小学语文教师认同度都高。

五、评价反馈

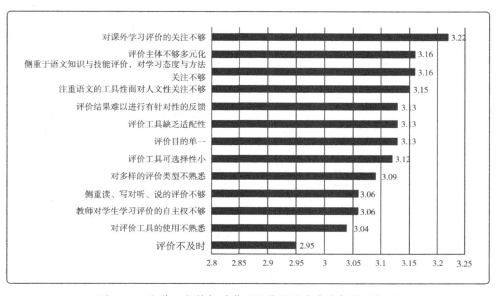

图1-12   小学语文教师对学习评价反馈存在的问题认知图

如图1-12所示，评价结果难以进行有针对性的反馈是小学语文学习评价反馈存在的主要问题。

表1-70　不同性别小学语文教师对学习评价反馈存在的问题认识差异表

项目	性别	N	均值	标准差	F	Sig.	t	Sig.（双侧）
评价不及时	男	228	3.12	1.092	0.556	0.456	2.755	0.006
	女	962	2.91	1.054			2.695	0.007
评价结果难以进行有针对性的反馈	男	228	3.28	0.979	2.171	0.141	2.491	0.013
	女	962	3.10	0.958			2.458	0.014

由表1-70可见，小学语文学习评价存在的问题是"评价不及时""评价结果难以进行有针对性的反馈"，这五个变量收尾概率p值小于0.05，表明不同性别小学语文教师认识差异显著。对评价不及时，男教师（均值=3.12）的认同度高于女教师（均值=2.91）。对评价结果难以进行有针对性的反馈，男教师（均值=3.28）的认同度高于女教师（均值=3.10）。

表1-71　城乡小学语文教师对学习评价反馈存在的问题认识差异表

项目		N	均值	标准差	F	Sig.	t	Sig.（双侧）
评价不及时	农村	736	2.97	1.070	0.886	0.347	−0.006	0.995
	城市	342	2.97	1.084			−0.006	0.995
评价结果难以进行有针对性的反馈	农村	736	3.13	0.943	7.928	0.005	−0.337	0.736
	城市	342	3.15	1.027			−0.327	0.744

由表1-71可见，小学语文学习评价存在的问题是"评价不及时""评价结果难以进行有针对性的反馈"，变量收尾概率p值均于0.05，未达到显著水平，表明城乡小学语文教师认识差异不显著。

表1-72　不同学历小学语文教师对学习评价反馈存在的问题认识差异表

项目	初中及以下（M±SD）	高中（包括中专、职高）（M±SD）	大专（M±SD）	本科（M±SD）	研究生（M±SD）	F	显著性
评价不及时	2.83 ± 0.753	3.04 ± 1.032	2.95 ± 1.060	2.94 ± 1.073	3.00 ± 1.323	0.138	0.968

续　表

项目	初中及以下 （M ± SD）	高中（包括中专、职高） （M ± SD）	大专 （M ± SD）	本科 （M ± SD）	研究生 （M ± SD）	F	显著性
评价结果难以进行有针对性的反馈	3.17 ± 0.408	2.91 ± 0.812	3.18 ± 0.976	3.10 ± 0.962	3.22 ± 1.202	1.152	0.331
N（人）	6	46	585	544	9		

由表1-72可见，不同学历小学语文教师对学习评价存在问题是"评价不及时""评价结果难以进行有针对性的反馈"，变量收尾概率p值大于0.05，未达到显著水平，表明不同学历小学语文教师认识差异不显著。

表1-73　不同教龄小学语文教师对学习评价反馈存在的问题认识差异表

项目	3年以下 （M ± SD）	3～10年 （M ± SD）	11～20年 （M ± SD）	21年及以上 （M ± SD）	F	显著性
评价不及时	2.63 ± 0.893	3.08 ± 1.076	2.93 ± 1.088	2.97 ± 1.063	3.404	0.017
评价结果难以进行有针对性的反馈	2.71 ± 0.804	3.13 ± 0.899	3.10 ± 0.979	3.20 ± 0.976	6.726	0.000
N（人）	83	134	323	650		

由表1-73可见，不同教龄小学语文教师对学习评价存在问题是"评价不及时""评价结果难以进行有针对性的反馈"，变量收尾概率p值小于0.05，达到显著水平，表明不同教龄小学语文教师认识差异显著。就"评价不及时"而言，3～10年教龄教师、11～20年、21年及以上教龄教师分别与3年以下教龄教师认识存在显著差异（p=0.002，0.021，0.005<0.05），3～10年教龄教师的认同程度最高（均值=3.08），3年以下教龄教师的认同程度最低（均值=2.63）。就"评价结果难以进行有针对性的反馈"而言，3～10年教龄教师、11～20年、21年及以上教龄教师分别与3年以下教龄教师认识存在显著差异（p=0.002，0.001，0.000<0.05），21年及以上教龄教师的认同程度最高（均值=3.20），3年以下教龄教师的认同程度最低（均值=2.71）。

表1-74　不同职称小学语文教师对学习评价反馈存在的问题认识差异表

项目	初级 （二、三级） （M ± SD）	中级 （一级） （M ± SD）	高级 （高级、正高级） （M ± SD）	未评定 （M ± SD）	F	显著性
评价不及时	2.91 ± 1.068	2.98 ± 1.081	3.01 ± 0.976	2.89 ± 1.066	0.724	0.538
评价结果难以进行有针对性的反馈	3.13 ± 0.973	3.16 ± 0.969	3.29 ± 0.884	2.93 ± 0.965	3.608	0.013
N（人）	369	526	126	169		

　　由表1-74可见，不同职称小学语文教师对学习评价存在问题是"评价结果难以进行有针对性的反馈"，这个变量的收尾概率p值均于0.05，表明不同职称小学语文教师认识差异显著。就"评价结果难以进行有针对性的反馈"而言，初级（二、三级）教师、中级（一级）教师、高级（高级、正高级）教师分别与未评定职称教师认识存在显著差异（p=0.027，0.008，0.002<0.05）。高级（高级、正高级）教师的认同程度最高（均值=3.29），未评定职称的教师的认同程度最低（均值=2.93）。

第二章

"以学为本"
学习评价理念的提出

　　"以学为本"就是以学生为本、以学生的学习为本。本项研究中的学习评价指的是对学习态度、学习方法、学习状态、学习能力等的评价，包括学业成绩评价，但不是重点。

第一节　从以教师为本转到以学生为本

一、从以教学为本转到以学习为本

新课改之前（2001年之前），部分教师存在认知主义倾向，注重知识传授，忽视人文精神培养，多把语文课上成训练课，语文教学方式多停留在字、词、句、段和段落大意、中心思想归纳层面。新课改后（2001年至今），新课程课堂教学强调语文的人文性与"怎么教"。在以学生为主体，发挥学生主动性、积极性的教育观的引领下，教师为了改变以往训练式课堂教学的弊端，大多能够注重课堂气氛的活跃，通过有意在课堂上设置各种形式新颖的情境、种类各异的活动甚至妙趣横生的游戏，来最大限度地吸引学生的注意力，从而使课堂气氛活跃起来。课堂上经常能看到教师引导学生对文本逐句逐段地、有感情地朗读、反复研讨、联系生活实际谈感受[1]。此外，窦教授坚持认为，教育教学应充分关注学生，以学生为本，课程是生活的延伸，出发点是儿童，最终归属也是儿童。因此，笔者提出以下观点：第一，由教材向学生生活与生命浸润。教师应该为学生提供充足的养料和阳光，并使其与生活相联系，与学生的当下生命相联系，让学生"接地气"地自由生长。第二，由教师立场向学生立场转变。教师要时刻谨记教这门学科对学生的未来有什么意义。身处信息时代的今天，学生不再只是知识的接受者，更是知识的主动建构者，是教学的意义

---

[1] 窦桂梅.小学语文主题教学研究［M］.北京：人民教育出版社，2015.

及其价值的实现者。教师则是课程的引导者与资源的协作者，上课前要对教学内容、计划、目的、学习时间以及将要进行的主要教学活动进行周密的设计与规划，教会学生自主学习探究，有针对性地指导，给予学生解决问题的困难和方法。

二、从以结果为导向转到更加关注学习过程与方法

传统教学形式习惯于用书面考试来评价学生，往往把分数作为评价学生的唯一标准，学生处于消极被动的地位，其意志和人格没有得到必要的尊重，而且评价结果又往往忽视了学生在各个时期的进步状况和努力程度。这种以学生考试分数作为衡量标准、以一张试卷定终身的评价形式，使学生变成了应对考试的机器。在实施新课程的今天，如仍沿袭旧的一套评价方式，那么课程改革只能是一句口号。新课程呼唤与之相适应的评价体系的建立，语文课程标准提出：应建立促进学生全面发展的评价体系，采用多样化的、开放性的评价方法，不仅要关注评价的结果，更要关注评价的过程，要合理解释、利用考试结果，以学生的发展为本，建立促进学生语文综合能力发展的评价体系。小学语文综合能力评价研究正是基于使小学生从语文素养培养入手，以评价促发展之目的而进行研究的，并把"小学生语文能力评价实验与研究"作为全国教育规划"十五"重点课题进行研究①。

三、从以认知为目标到更加关注情感、体验

学生是整体的人，学生发展表现在各个方面。因此，学生评价内容必须涵盖学生发展的方方面面，以新课程提出的"知识与技能、过程与方法、情感态度价值观"的三维课程目标为依据和主旨，实现评价内容的综合性，从德、智、体、美等方面综合评价学生的发展，既要重视学生的学习成绩，也要重视学生的思想品德以及多方面潜能的发展；既要注重对学生认知水平的评价，也要注重对学生非认知方面的评价，以促进学生综合素质的提高。

---

① 李家栋.小学生语文能力评价研究新探［M］.济南：齐鲁出版社，2007：91.

第二节 "以学为本"的评价理念

基于现状与问题分析，此部分从人本主义心理学、建构主义学习理论、后现代主义哲学、认知教学理论、情感教学理论等视角提出和论证以学为本学习评价理念。

一、人本主义心理学

人本主义心理学兴起于二十世纪五六十年代的美国，由马斯洛创立，以马斯洛、罗杰斯为代表。人本主义学习理论的核心教育是"以学生为中心"，注重学生在教育中的主体地位，他们强调人的尊严和价值，学习者的目的是能够选择和塑造自己并从中得到满足，强调学习的基本原则必须是尊重学习者的意愿、情感和观念及其在学习过程中的主体地位，重视学习过程。[①]人本主义心理学认为，心理学应该探讨的是完整的人，而不是把人的各个从属方面（如行为表现、认知过程、情绪障碍）割裂开来加以分析。罗杰斯认为，学生学习可分为两类，一类是无意义的学习，另一类是有意义的学习。只有当学习者自己决定评价的准则、学习目的，以及达到目的的程度时，他才是在真正地学习，才会对自己学习的方向真正地负责。所以，自我评价在促进学习方面是极为重要的。同时，他主张采用开放的、以个人为中心的教育方式，强调个体全身心

---

① 宋莉.人本主义学习理论及其对素质教育的启示［J］.聊城大学学报（社会科学版），
   2006（3）：121-122.

投入与自我评价，而不单纯追求认知领域的发展。①因此，人本主义学习理论认为自我评价是有利于学生的健康成长的有效途径。在自我评价中，学生主动参与学习过程，在教师的指导下自我评定学业成绩，自己发现并解决学习问题，从而逐步培养起自我评价的习惯和能力。

二、建构主义学习理论

建构主义学习理论强调真理的相对性，重视认识中的主观能动性，要求学生积极主动地进行学习，关注的是学生如何以原有的经验、心理结构和信念为基础来建构自己独特的精神世界。"人在认识世界的同时认识自身，人在建构与创造世界的同时建构与创造自身。"②根据建构主义理论观点，学习评价应以"学"为主，以"是否有利于学生的学习""是否为学生创设了有利于学习的环境"及"是否能引导学生自主地进行体育学习"作为评价的主要出发点。因此，教师应围绕着学生的学习情况来制定评价标准，对学生自主学习的能力、合作学习的精神等方面进行评价，并强调通过学生的自我评价来激发学生在学习上的能动性。同时，学习评价也是一种学习过程，在评价中对话、沟通、交流、观摩等共同学习，使教师和学生双方共同受益。③

三、后现代主义哲学

二十世纪五六十年代，西方兴起了一股后现代主义文化思潮，其核心是反思现代性，主要以强调否定性、非中心化、破碎性、反正统性、不确定性、非连续性及多元性等为特征，不断推进对话的深入。后现代主义反对总体性、同一性和确定性，高扬事物变化以及事物本身的多元性、多样性、差异性、特殊性等，主张用知识形式的多样性、差异性去超越和反对统一现代理论。后现代主义强调师生的平等，主张学生自主学习；强调差异性，主张因人而异进行

---

① 侯新杰.课堂学习学生自我评价的涵义与形式［J］.教育理论与实践，2007（10）：48-50.

② 高文.建构主义研究的哲学与心理学基础［J］.全球教育展望，2001（3）：3-9.

③ 汪晓赞.我国中小学体育学习评价改革的研究［D］.上海：华东师范大学，2005.

教学；强调多样性，培养学生的创造性。①后现代主义多元化方法论的倡导者保罗·费耶阿本德认为，从认识论上看，我们所探索的世界在很大程度上还是未知的，因此我们不能保守、封闭，而必须保持我们选择的开放性，必须坚持"什么都行"的无政府主义的方法论原则。因此，教育评价要多视角看问题，倡导方法的多元化，如定性和定量评价相结合，绝对和相对评价相结合，诊断性、形成性和终结性评价相结合，自评与他评相结合等，体现出评价的个性、差异性和异质性。教育评价研究要倡导多视角、多元化的方法论，要为人的全面发展服务，为学生的健康成长和生存服务。②教育评价在后现代主义思潮的影响下，开始指向个体内在、关注背景、强调对话与生成、倡导多元和开放性，使我们对教育评价的关注由生硬的评价标准和技术转向学生个体学习的过程以达到促进学生的成长发展。这对于教育评价总体的影响是具有进步意义的。③

四、认知主义教学理论

认知主义教学理论源于认知主义心理学关于学习的探讨。认知主义学习理论认为，学习是一个知识的获得过程，是一个包括输入和输出的信息加工的主动过程，学习者是活动的积极参与者，个体已有的知识和经验在新知识的获得过程中发挥了十分重要的作用。由于外部输入信息的刺激，激活了主体长时记忆中的相关信息，为新信息的"消化和吸收"提供了必要的条件。客观事物的基本特征是可知的和相对不变的，因此，知识也是稳定的，学习者可以从教师所传递的知识中获得与教师完全相同的理解，教师的任务是根据学生已有心理结构，设置恰当的问题情境，引起学生的认知不平衡，促进和增强学习者内部

---

① 汪晓赞. 我国中小学体育学习评价改革的研究［D］. 上海：华东师范大学，2005.

② 王景英，梁红梅. 后现代主义对教育评价研究的启示［J］. 东北师大学报（哲学社会科学版），2002（5）：111-118.

③ 吴扬，高凌飚. 后现代主义思潮与教育评价观念的演变［J］. 教育科学研究，2012（3）： 27-31.

的学习过程，教材的呈现和知识的讲授等都要以"学"为出发点。①对于认知教学主义而言，学生才是决定学习内容的关键因素，自然也是决定评价内容的关键因素，对学生的学习评价不仅要关注教材、学习成绩等，还要评价学生学习的学习过程、学习策略、学习情感、意志等。这一理论使得对学生的重视从思想或经验的水平深入到科学行动的阶段，它为将学习评价从对教材、教法、环境、教师等的关注转向对学生学的关注提供了理论。

五、情感教学理论

苏联的情感教学思想建立在巴甫洛夫的实验研究基础之上。巴甫洛夫的实验证明了情感对大脑皮层有效工作的巨大作用：积极的情感增进它的工作，消极的情感则阻碍、压抑它的工作。在苏联，重视教学过程的情感功能并在理论上和实践上付诸实现的，当推现代教学论专家斯卡特金。斯卡特金的情感教学思想主要包括如下几个方面：①情感是发展学生认知能力的动力。②教学原则要体现情感功能。斯卡特金首次提出了"教学的积极情感背景原则"。③创造和谐的教学气氛。他认为教学的情感如何，取决于学生参加学习活动的环境气氛，积极的情感是由积极的探索活动而产生的。②情感教学理论使得教学不仅是停留在关注智力因素，而是试图使教学过程成为一个充满活力和激情的过程，实现认知发展和情感发展的统一。这就要求学习评价关注的不仅是学生的学业发展，更要关注学生学习过程中的个性的完善。忽视学生的主动性、创造性和学习的情感功能，是应该摒弃的传统教育弊端。③

---

① 王大顺. 学习理论的发展及其对教学的影响［J］. 教育理论与实践，2006（22）：21-23.
② 斯卡特金. 中学教学论——当代教学论的几个问题［M］. 赵维贤，丁酉成，等译. 北京：人民教育出版社，1985：97.
③ 之光. 国外情感教学理论的发展及其启示——对教学过程本质的再认识［J］. 教育科学，1987（2）：36-40.

第三节 "以学为本"学习评价的原则

一、主体性原则

建构主义评价观认为，评价对象是发展的主体，教育评价应重视提高评价对象的参与意识，注重评价对象的个人价值，重视评价对象的主体意识和创新精神。过去，教育评价总是上级评下级、管理者评被管理者。教育行政部门、学校（校长）、教师为恒定的评价主体，而校长、教师、学生、家长分别成为相应的评价客体。我们认为，"以学为本"学习评价应是一种双向的评价，如教育行政部门评价校长，校长也可以评价教育行政部门。学生应根据评价结果的反馈改进学习，同时本身也参加评价；教师应根据评价结果的反馈改进教育实践，同时也根据学生的状况被评价；家长和当地居民应根据学校的说明获取评价相关信息，同时也基于不同立场参与评价；教育行政机构应根据学校、家长提供的评价信息和行政机关实施的各种调查的信息，为学校和学区提供支持；第三方机构应由学校和教育部门以外的人员构成的、进行外部评价的机构。这样，教育评价就由单一方向的评价形式转化为双向的交流形式。① 总之，在实施学习评价过程中，各方应时刻把学生作为认识和发展的主体，充分尊重学生的主体地位，发挥其主观能动性，相信学生对自己的学习有自我评价能力。

---

① 田中耕治. 教育评价［M］. 高峡，田辉，项纯，等译. 北京：北京师范大学出版社，2011：80.

二、差异性原则

世界上没有完全相同的两片树叶，同样，世界上也没有完全相同的两个人。根据美国心理学家加德纳的多元智能理论，人的智能可以分为言语、逻辑-数学、空间、身体运动、音乐、人际关系、自知（自我意识）、自然观察八种智能。他认为，每个人都有多种智能，这些智能会以不同的方式进行组合和运用，以完成不同的任务，解决不同的问题，并且在不同的领域上发展。不同的人在这8种智能上的表现是不同的，每个人都有自己最擅长的智能领域，每个人都有发展的潜力，只是表现的领域不同而已。这就要求在进行学生评价时，必须坚持差异性原则，而不能以统一标准要求学生。[①]

三、多元性原则

事物发展的多样性决定了对学生、教师和学校评价内容的多元性，既要重视学生的学习成绩，也要重视学生的思想品德以及多方面潜能的发展，注重学生的创新能力和实践能力；既要重视教师业务水平的提高，也要重视教师的职业道德修养；既要重视学校整体教学质量，也要重视在学校的课程管理、教学实施等管理环节中落实素质教育思想，形成生动、活泼、开放的教育氛围。评价标准既应注意对学生、教师和学校的统一要求，也要关注个体差异以及对发展的不同需求，为学生、教师和学校有个性、有特色的发展提供一定的空间。[②]

四、发展性原则

斯塔费尔比姆强调："评价最重要的意图不是为了证明，而是为了改进。"这就要求我们在对学生进行评价时，必须坚持发展性原则，注重评价的发展性功能，发挥评价的发展作用，通过评价促进学生在原有水平上的提高，

---

① 李玉芳.如何进行学生评价［M］.上海：华东师范大学出版社，2014：8.
② 肖远军，邢晓玲.我国教育评价发展的回眸与前瞻［J］.教育学术月刊，2007（12）：12-14.

对学生不仅要评判出其语文学习成绩的高低，达到基础教育培养目标的要求，而且要了解学生发展中的需求，帮助学生认识自我，建立自信，以达到促进学生发展的目的。语文学习及其评价工作要从可持续发展的高度来进行，要以发展的眼光构建整体优化的语文学习评价指标体系。教育评价应充分发挥评价促进评价对象发展的功能，使评价的过程成为促进教学发展与提高的过程，其根本目的是为了更好地提高学生的综合素质和教师的教学水平，为学校实施素质教育提供保障。

五、诊断性原则

"以学为本"的教育评价要求在学习评价中坚持诊断性原则，即教育评价不以得出评分结果、完成任务为目的，更要发现学生的潜能，发挥学生的特长，帮助其及时发现学习行为的不足与缺陷，分析其成功与失败的原因，不断改进其学习方法，明确今后的努力方向，对学生有综合性的学情诊断的同时，能够准确地发现每个学生在学习方法、学习态度、学习能力等多方面的问题信号以及教师在教育教学过程中的疏漏、偏差，以使学习指导更具针对性。

第四节 "以学为本"学习评价的类型

一、诊断性评价

诊断性评价又称"事先评价"，是指在进行教育活动之前进行的评价，其目的是了解学生的发展现状或掌握学生发展中存在的问题、原因，以便采取符合评价对象实际情况的措施，做到对症下药。例如，我们平时进行的"摸底"考试就是诊断性评价。这里的诊断包含两方面的内容：一是症状诊断，二是原因诊断。前者旨在对评价对象的当前状态作出判断，着重找出存在的问题，后者则意在明确问题的基础上，对存在问题的原因进行分析，以"对症下药"，加强问题解决的针对性和实效性。诊断性评价一般在课程、学期、学年开始或教学过程中实施，它涉及的内容主要有：学生前阶段学习中知识储备的数量和质量；学生的性格特征、学习风格、能力倾向及对本学科的态度；学生对学校学习生活的态度、身体状况及家庭教育情况；等等。概括来说，诊断性评价的作用主要有：①确定学生的学习准备情况，明确学生发展的起点水平，为教学活动设计提供依据；②识别学生的发展差异，适当安置学生；③诊断个别学生在发展上的特殊障碍，以采取相应的补救措施。

二、形成性评价

形成性评价主要是针对学生在平时的学习语文的过程中综合能力发展的情况做出的评价。评价人以教师为主，家长学生也参与其中。在进行形成性评价时，提倡注重学生的学习过程和学习体验、学生学习过程中的相互协作以及在学习过程中发生的师生交流、生生交流等。据此李家栋教授概括出了形成性评价的内容：小学生的课堂语文学习行为语文学习的成果，语文实践活动师生互动、生生互动，学生的人际交往等。根据评价的内容，李老师建议采用多种评价方式对不同年级学生的语文进行评价，并分别为每一位学生编写了供教师、学生、家长使用的评价量表。评价完成后由教师将所有量表汇总，写出综合评语，并建立综合评价档案，及时将收集整理的各种评价资料收集入内。

三、相对评价

相对评价是指评价对象在团体内将自己所处的地位同他人相比较而进行的评价。比较的参照点有三个：被评团体的平均值、团体中的最高分或最低分、选取的标准样组的成绩，常用的评价方法有排序法、百分等级法、标准分数法。班主任常用相对评价给全班学生的各种成绩排队。我国长期以来用百分制评定，但各学校规定的比例大小并不划一。

四、个体内差异评价

个体内差异评价是以评价对象自身状况为基准，对评价对象进行价值判断的评价方法。在这种方法中，评价对象只与自身状况进行比较，包括自身现在成绩同过去成绩的比较，以及自身不同侧面的比较。[①]例如，在日本评价史中，遇到无论怎么努力都无法提高成绩的学生，就将他们的努力情况写入"个体内差异评价"的"表现"一栏中，起到"鼓励"的作用。

五、目标游离评价

目标游离评价是由斯克里文提出的学术观点，基于目标评价的重点，是在教学中明确指出学生需要掌握的内容和观点。但如果仅仅从学生有没有达到事先设定的教学目标这一观点来审视教学活动的话，那些超出教师的预想的学生

---

① 田中耕治. 学习评价的挑战：表现性评价在学校中的应用［M］. 郑谷心，译. 上海：华东师范大学出版社. 2015：6.

表现反而容易被忽视或被看轻。[①]举例来说，就像厨师根据自己想要的味道，在做菜的过程中不断品尝和调味，而完全没有考虑到客人品尝这道菜时是什么心情和感受一样。因此"目标游离评价"并不是意味着无视目标的存在，而是提出了一种不受教学目标限制的方案，即通过第三只眼睛：没有目的意识的、相对自由的第三者的评价，来掌握实际的教学活动。这里的第三者可以是教师的同事，也可以是校区或当地的居民，当然，作为学习主体的学生自然也包括在内。

六、内部评价

内部评价是指个人就学习和能力等进行纵横比较所做的判断，也称个人内部评价或个人内差异评价。其中，纵向评价是将被评者现在的状况与过去做纵向比较，评定其进步还是退步；横向评价是就被评者的某几个侧面进行横向比较，评定其所长或所短。内部评价的特点是参照标准因人而异，对鼓励被评者在原有基础上不断进步有积极作用。但内部评价与其他评价比较主观性较强。内部评价的应用面很广，适用于学生、教师或领导的评价，也可用于学力评价、心理评价等。

七、过程性评价

过程性评价是指在活动的过程中，为使活动效果更好而修正其本身轨道所进行的评价，也称形成性评价。布鲁姆第一次将它用于教学活动中去，提出了形成性评价的任务：调整学习活动；强化学生的学习；发现存在的问题；提供学习的矫正处方。形成性评价强调学习过程，能使师生都明确今后如何教和学，利于教学双方。例如，在某一单元或章节学习结束时进行测验，并根据测验的结果提出改进教学的措施，就属于过程性评价。

---

① 田中耕治.学习评价的挑战：表现性评价在学校中的应用［M］.郑谷心，译.上海：华东师范大学出版社.2015：22.

八、质的评价

在20世纪60年代之前，人们一度十分重视量化评价，认为只有量化分析才是科学。在这之后，随着社会批判思潮的兴起，人们认识到评价不是一个单纯的技术问题，纯粹价值中立的描述是不存在的，因此，评价要对被评价对象的价值或特点作出判断，价值问题由此在评价领域凸现出来，人们评价的重点转向了价值观。20世纪70年代以后，"量化评价"逐步为"质性评价"所取代，质性课程评价也日益兴盛起来。依据评价方法的性质不同，我们可以把教学评价方法分为量化评价方法和质性评价方法两大类型。质性评价的功能主要是沟通、反思、改进。常见的质性评价方法有行为观察和行为记录、成长记录袋、情景测验、"苏格拉底谈话法"等。质性评价是一种过程评价，是对过程的描述与反思。例如，在作文教学中运用成长记录袋评价法进行评价，记录袋中的内容既包括学生的作文作品选，也可以包括学生对自己作品的评价、同伴对作品的评价、教师对该作品的评价以及学生对教师评价的看法。质性评价包含了评价双方的对话、交流、沟通与理解，最终促进学生与教师的发展。由于质性评价采用"多元价值"的评价标准，评价主观性比较强，因此评价结果的甄别、区分功能较弱。①

九、能力导向型评价

关于语文能力的解释，祝新华教授综合了国内外各种研究与讨论归纳出：学生的语文能力是掌握与运用语文知识、规则，并在学习或生活环境中完成理解与表达等交际任务的能力。而能力导向评估是以能力为导向，旨在全面衡量学生的能力，借此也可引导学生重视能力训练，使教学更好地体现时代的发展需要，同时也能保持、激发学生的学习兴趣。能力导向型评估具有以下几方面要求：

───────────

① 南纪稳.量化教学评价与质性教学评价的比较分析［J］.当代教师教育，2013（1）：89-92.

（1）评估能力水平。形成能力型评估理念，以能力为焦点，评估学生的语文发展水平以及语文特长。

（2）展示能力进展。建立进展性评估理念，重视学习进程，评定学生的能力进步情况，以及能力进一步发展的基础。

（3）促进能力训练。引导学生全面地、生动活泼地、有意义地学习，提高语文能力，并且逐步形成探究意识与创新能力。不以掌握琐碎、无联系的知识和技能为重点，避免机械操练、死记硬背。这是评估促进教学的关键。[①]

十、真实性评价

早在20世纪80年代后期，"Authentic Assessment（真实性评价）"的单词组合就已经出现在美国的教育评价史当中。"Authentic"意味着"真实的"和"真正的"，1983年，美国发行了一份倡导提高学力的报告性文件《处于危机中的国家》（*A Nation at Risk*），引起了美国民众的极大关注。以这份文件为契机，各个区和学校向州政府提出了检查教学成果，并向家长和社会履行说明责任的要求。为此，美国各个州的政府开始广泛推行由上而下的"标准化考试"。在这场政府主导的改革中，出现了种种质疑的声音：仅仅凭借"标准化考试"就能够评定学校的教学成果吗？"标准化考试"到底能够考查出哪些东西呢？一般来说，"标准化考试"被人们称作"为了考试的考试"，较为常见的是一些人为编造的、检查记忆等低层次能力的问题，而且考试的氛围也跟平时上课完全不同，像在举行某种特殊仪式一样。人们纷纷质疑，这样的"标准化考试"能够测试出学生真正的学力吗？即使在这样的"标准化考试"中取得优异的成绩，也只能说明该学生获得的是在学校的特殊环境中才能发挥的低层次思考能力，并不能确保学生获得将来在社会上也能适用的生存能力。"真实性评价"论正是在这些批判和质疑"标准化考试"的声音当中诞生的。下面就有关"真实性评价"论的几项指标做一番介绍：①评价的"情境（context）"

---

① 祝新华. 促进学习的语文评估：基本理念与策略：principles and strategies［M］. 北京：人民教育出版社，2014：91—94.

具有"真实性";②以建构主义的学习观为前提;③评价不只注重学习结果,也重视学习过程。①

十一、增值评价

增值评价法最早出现在美国。1984年,美国田纳西大学的两位统计学家威廉·桑德斯和罗伯特·麦克莱恩发表论文,提出了采用学生成绩数据来评价教师的增值评价法,因此增值评价法也被称为桑德斯模式或田纳西增值评价系统。在研究过程中,威廉·桑德斯和罗伯特·麦克莱恩采集了诺克斯县2年级至5年级学生连续三年的考试成绩,在亨德森混合模式方法基础上,研制出一种统计分析系统。他们在研究中发现:借助计算机系统和统计程序,通过常模参照成绩测试,对两年或两年以上的学生水平测试结果进行比较,完全可以计算出学校乃至教师在影响学生学习方面存在的差异。美国田纳西州首先把增值评价法用于教师评价。最初,该州的学校系统采用增值评价法,仅仅针对3~8年级数学、科学、阅读、语言、社会学科等学科教师。1991年,田纳西州通过了《教育改进法》,增值评价法作为一种教师评价方法被正式作为田纳西州教育改革的一项重要举措。近几年,我国一些学校在教师评价中采用了增值评价法,并对国外的增值评价法作了"改良"。在操作过程中,它们不仅计算出各班学生考试成绩的平均分数和增值幅度,而且计算出其标准差。这样,学校领导不仅可以对教师的教学工作、教学效果以及对学生考试成绩的影响程度作出比较客观的判断,而且可以确认学生的进步是正常的还是非正常的、是全体同学取得了进步还是少数同学取得了进步。②

---

① 田中耕治.学习评价的挑战:表现性评价在学校中的应用[M].郑谷心,译.上海:华东师范大学出版社.2015:24.

② 王斌华.教师评价:增值评价法[J].教育理论与实践,2005(12):20-23.

第三章

"以学为本"的小学
语文学习评价体系建构

　　本章采用德尔菲法，从学习结果、学习态度、学习能力、学习方法四个维度构建"以学为本"的小学语文学习评价指标体系，在上述四个一级指标之下各设立若干二级指标，并采用收集一线教师对各指标的权重赋值的方式确定评价指标权重。

项目组采用德尔菲法，征求评价指标设定和权重的教师共86人，其中来自农村的有23名，乡镇从教的有43名，县城有8人，市级城市有12人。从教龄看，从教21年以上的有50人，从教11～20年有29人，从教3～10年的有4人，从教3年以下的有3人。从职称来看，初级教师有28人，中级教师43人，高级教师12人，未评定3人。在制定此指标体系时，参考了《教育部关于推进中小学教育质量综合评价改革的意见》（教基二〔2013〕2号）研制的中小学教育质量综合评价指标框架（试行），对学生学业发展水平从知识技能、学科思想方法、实践能力、创新意识四个方面进行评价。

评价指标	平均分	比例
学习态度	26.49	26%
学习能力	23.42	23%
学习方法	23.31	23%
学习结果	26.78	27%

图3-1　小学语文综合评价各指标比重图

调查结果显示，小学语文教师认为，在小学生语文综合评价各指标中，学习态度所占权重为26%、学习能力占23%、学习方法占23%、学习结果占27%，在一定程度上反映出小学语文教师对学生学习结果与学习态度的重视。

以往对语文学习结果评价以读、写为主，评价方式以考试、测验为主，高度重视标准化考试，以分数为主要呈现形式，强调考试的甄别和选拔功能。2000年3月《九年义务教育全日制初级语文教学大纲（试用修订版）》颁布后，语文学习评价转向知识与能力、过程与方法、情感态度与价值观的三维目标，并从识字与写字、阅读、写作、口语交际、综合性学习五个方面对语文学习提出了具体的要求。但在实际的教育过程中，由于长期受应试教育的传统影响，分数崇拜现象还是没有从根本上改变，学习评价结果自然是以分数为表现形式。[1]

① 董奇.新课程实施中教育评价改革的探索［M］.西安：陕西师范大学出版社，2003：14.

访谈过程中刘小妹老师也曾提到，对学生学习结果的评价目前依然是学校对教师的要求，以及家长对教师的期待。相对于学习能力和方法，教师普遍更加重视对学习态度的评价。在访谈中，刘小妹老师给出这样的解释："小学低段更重要的是学生行为习惯的养成，好的行为习惯是日后生活与学习的前提和动力。学生的能力再强、方法再多，没有端正的学习态度也是没有用的。"

当前义务教育新课程方案中的语文课程标准，强调工具性与人文性的统一，提倡尊重学生的主体地位，要求帮助学生逐渐形成并不断增强主体性，明确提出了要使学生"初步获得现代社会所需要的语文实践能力"这一任务。李家栋教授为此成立了课题小组，根据新课程标准、总课题组撰写了《小学生语文综合能力评价教师指导手册》《小学生语文综合能力评价手册》，制定了《中年级语文综合能力发展及评价标准》《小学生中年级语文综合能力形成性评价表》《学校家庭联系卡》《形成性评价结果报告单》《学生自评表》《学生互评表》《中年级语文综合能力阶段性评价结果报告单》等多种评价工具。评价内容包括学生的语感、言语交际、言语调控三个方面，涵盖了学生在校及在家表现情况，评价方式包括日常评价、形成性评价、综合实践活动评价、终结性评价等。[①]此外，实验表明，语文综合能力评价必须有：①现实生活的真实场景；②创设特定的语境。其中，观察在评定学生综合能力方面起着至关重要的作用。

王雅萍、司亚飞提出对学生语文综合性学习活动的质量进行评价应从三个方面展开：首先是语文综合应用知识及实践能力评价。综合应用知识主要包括以下几方面的知识：①利用报刊、书籍、图书馆、网络等信息渠道获取资料的知识；②提出语文学习中和生活中感兴趣的语文问题的知识；③将课内外阅读联系起来的知识；④与他人合作的交际知识；⑤制订简单的语文综合性学习计划，讨论分析问题的知识；⑥在家庭与学校生活中，尝试运用语文知识和能力解决简单语文方面问题的知识；⑦语文探究活动的组织安排知识；⑧写简单的

---

① 李家栋.小学生语文能力评价研究新探［M］.济南：齐鲁出版社.2007：94.

语文综合性学习研究报告的知识，包括拟题、构思、组织材料的知识；⑨策划简单的校园语文活动和社会语文活动的知识。讨论和分析主题、写作活动计划和活动总结的知识；⑩交流与分享探究成果的知识。语文综合应用实践能力，主要是指发现语文学习问题、分析与解决语文学习问题的能力。

其次是语文综合性学习过程与方法评价。评价可包括五方面内容：①能否利用图书馆、报刊、书籍、网络等多种信息渠道获取资料；②能否有效筛选和正确处理资料信息；③能否从搜集来的信息中发现问题；④能否综合运用多种研究方法展开研究活动；⑤能否运用多种途径和方法展示研究成果。

最后是语文综合性学习自主合作学习态度评价。语文综合性学习自主合作学习态度的评价主要评价学生参与活动的程度，以及与人合作的态度。学生是否具有参与语文综合性学习活动的主体意识、参与意识、合作意识，是学习活动能否得以顺利进行的保证，应重点考查学生参与语文综合性学习活动是否主动积极。①

因此，经由上述专家研究与一线教师访谈可以看出，第一，当前的学习评价主要还是受高考这一指挥棒的影响，导致社会、学校、家庭更加注重学生学习结果的评价；第二，语文作为一种工具性与人文性学科，仅仅强调学生成绩是远远不够的。刘小妹老师也曾提道：小学低段语文应更加重视学生各种态度与行为习惯的养成，良好的态度是掌握各种知识能力的基础与不竭动力。学生学习能力的展示应更加体现在学习与生活中学生的动手操作能力以及解决问题的能力方面。

---

① 王雅萍．司亚飞．语文学习评价论［M］北京：语文出版社．2018：293—300.

第一节 学习结果评价

一、小学语文教师对学习结果评价指标及其差异认识

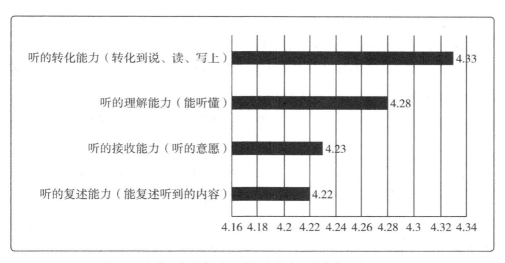

图3-2 小学语文教师对"听"的能力评价指标认知对比图

如图3-2所示，小学语文教师对"听"的能力的各个指标，最重视的是"听的转化能力"，最不重要的是"听的复述能力"。访谈中特级教师王先云说："目前教学过程中缺少'听'的评价，教师不知道怎么评价，关于'听'的工具也几乎没有。"刘小妹老师提道："要培养学生'听'的能力，教师首先要有'说'的能力，语言要准确，选择的内容要生动有趣，必要时还可以通过音频、视频等方式吸引学生的注意力；其次教师要先进行示范，通过提取关键词让学生进行加工补充；最后学生要注意力集中，听的同时一定要引导其

看，必要时可通过app让学生进行跟读，从而培养学生'听'的能力。"此外，黄瑾老师认为："在培养学生'听'的能力上，主要还需借助教材中的口语交际、课堂或作业的看图写话等多种资源，将学生接收到、理解到的东西转化成说、读、写，形成知识的迁移并融会贯通；培养'听'的转化能力方式主要是通过模仿、示范、诱发兴趣、鼓励等，其中模仿和示范最为重要。"

从学术界的研究来看，陈新将"听话能力"概括为在口语交际中善于倾听并准确理解、评判对方说话内容和意图，为正确应答对方做准备的一种必备的基本能力。关于"听话"能力的构成要素，学术界众说纷纭，主要有以下几位研究者的观点。

（1）H.A格林等：①词的感知；②观念的理解；③运用观念以深入领会。

（2）兰斯蒂姆：①选择事实和细节；②系列顺序；③选择主要观念；④总结；⑤单个观念间的联系；⑥做出推断。

（3）黄振中：①语音听辨力；②根据语音建立意义的理解力；③根据意义决定行为方式的反应力；④听话的速度。

（4）张敏：①理解语句；②词汇感知；③分辨正误；④理解内容；⑤感知细节。

（5）祝新华：①辨别语音；②重组语言；③理解语义；④品评观点。

此外，陈新将"听话"能力的构成要素总结为以下5个方面：①辨别力。主要是指辨音识义的能力，听得清楚，是听话能力的基础。感知言语的首要条件是辨析语音，即要辨识话语中的音位序列和音节组合规则，包括熟悉普通话的语音规范和方言的特殊规则。②注意力。听的过程必须有注意的参与，听话者要想听懂别人的谈话内容，迅速准确地捕捉要点、理出头绪、作出判断，从而取得信息，就要求具备稳定的注意技能持久、专注地听别人讲话的习惯，又要能分配自己的注意。③记忆力。记忆整合主要指听得完全，这是理解话语的保障。④理解力。理解语义主要指准确把握所听话语的含义，这是听话能力的核心。理解是听的目的，是整个听话过程的核心；理解力的强弱是听话能力高低的主要标志。⑤品评力。评判话语主要指判别评析，即听话过程中边听、边分析、边评判，这是听话能力的升华。

从听力考试来看，听力试题的关键在于听力材料的选择，既要实现听力评价的选拔性、实用性，又要考虑符合学生的身心发展规律。因此，听力材料要考虑到思想性、趣味性，篇幅适中，防止学生注意力分散和听力疲劳；材料的选择还要考虑新颖性，内容要贴近学生的生活实际，要蕴涵听力的5个方面的能力，即辨识力、注意力、记忆力、理解力和品评力。

表3-1 不同性别小学语文教师对"听"的能力评价指标的重要程度认知差异表

项目	性别	N	均值	标准差	F	Sig.	t	Sig.（双侧）
听的接收能力（听的意愿）	男	228	4.12	0.790	1.305	0.254	-2.472	0.014
	女	962	4.26	0.781			-2.453	0.015
听的理解能力（能听懂）	男	228	4.21	0.755	1.472	0.225	-1.643	0.101
	女	962	4.30	0.774			-1.669	0.096
听的复述能力（能复述听到的内容）	男	228	4.17	0.796	0.031	0.859	-1.124	0.261
	女	962	4.23	0.769			-1.101	0.272
听的转化能力（转化到说、读、写上）	男	228	4.22	0.816	1.043	0.307	-2.407	0.016
	女	962	4.36	0.764			-2.312	0.021

由表3-1可见，就"听的理解能力（能听懂）""听的复述能力（能复述听到的内容）"这两个变量而言，收尾概率p值均大于0.05，未达到显著水平，表明不同性别小学语文教师认知差异不显著。

就"听的接收能力（听的意愿）""听的转化能力（转化到说、读、写上）"这两个变量而言，收尾概率p值均小于0.05，表明不同性别小学语文教师认知差异显著。对听的接收能力（听的意愿），女教师（均值=4.26）的认同度高于男教师（均值=4.12）。对听的转化能力（转化到说、读、写上），男教师（均值=3.12）的认同度高于女教师（均值=2.91）。

表3-2 城乡小学语文教师对"听"的能力评价指标的重要程度认知差异表

项目	地区	N	均值	标准差	F	Sig.	t	Sig.（双侧）
听的接收能力（听的意愿）	农村	736	4.16	0.782	0.739	0.390	-4.260	0.000
	城市	342	4.37	0.766			-4.293	0.000

续 表

项目	地区	N	均值	标准差	F	Sig.	t	Sig.（双侧）
听的理解能力 （能听懂）	农村	736	4.20	0.778	0.024	0.877	−5.203	0.000
	城市	342	4.46	0.724			−5.340	0.000
听的复述能力 （能复述听到 的内容）	农村	736	4.13	0.769	2.633	0.105	−5.243	0.000
	城市	342	4.39	0.761			−5.261	0.000
听的转化能力 （转化到说、 读、写上）	农村	736	4.25	0.778	1.962	0.162	−4.928	0.000
	城市	342	4.49	0.738			−5.025	0.000

由表3-2可见，"听的接收能力（听的意愿）""听的理解能力（能听懂）""听的复述能力（能复述听到的内容）""听的转化能力（转化到说、读、写上）"这四个"听"的评价指标，收尾概率p值均小于0.05，表明城乡小学语文教师认知差异显著。

就"听的接收能力"（听的意愿）这个变量而言，城市任教教师的认同度（均值=4.37）高于农村任教教师（均值=4.16）。对于"听的理解能力（能听懂）"，城市任教教师（均值=4.46）的认同度高于农村任教教师（均值=4.20）。对于"听的复述能力（能复述听到的内容）"，城市任教教师（均值=4.39）的认同度高于农村任教教师（均值=4.13）。对于"听的转化能力（转化到说、读、写上）"，城市任教教师（均值=4.49）的认同度高于农村任教教师（均值=4.25）。

表3-3 不同学历小学语文教师对"听"的能力评价指标的重要程度认知差异表

项目	初中及以下 （M±SD）	高中 （包括中专、职高） （M±SD）	大专 （M±SD）	本科 （M±SD）	研究生 （M±SD）	F	显著性
听的接收能力	3.83±0.753	4.24±0.874	4.12±0.801	4.36±0.738	4.11±0.782	7.55	0.00
听的理解能力	4.00±0.632	4.22±0.728	4.16±0.809	4.42±0.711	4.33±0.707	8.65	0.00
听的复述能力	3.50±1.049	4.04±0.788	4.12±0.807	4.35±0.713	4.22±0.667	8.63	0.00

续　表

项目	初中及以下	高中（包括中专、职高）	大专	本科	研究生	F	显著性
	（M±SD）	（M±SD）	（M±SD）	（M±SD）	（M±SD）		
听的转化能力	4.00±0.894	4.13±0.806	4.22±0.806	4.47±0.710	4.11±1.054	8.51	0.00
N（人）	6	46	585	544	9		

　　由表3－3可见，"听的接收能力""听的理解能力""听的复述能力""听的转化能力"这四个"听"的评价指标，收尾概率p值均小于0.05，表明不同学历小学语文教师认知差异显著。

　　就"听的接收能力"这个变量而言，大专学历教师与本科教师认知存在显著差异（$p=0.000<0.05$），本科学历教师的认同程度最高（均值=4.36），初中以下学历教师认同程度最低（均值=3.83），不同学历小学语文教师认同程度都比较高。

　　对"听的理解能力"，大专学历教师与本科教师认知存在显著差异（$p=0.000<0.05$），本科学历教师的认同程度最高（均值=4.42），初中以下学历教师认同程度最低（均值=4.00），不同学历小学语文教师认同程度都比较高。

　　对"听的复述能力"，初中以下学历教师与本科学历教师认知存在显著差异、高中（包括中专、职高）学历与本科学历教师认知存在显著差异、大专学历教师与本科学历教师认知存在显著差异（$p=0.007<0.05$，$p=0.009<0.05$，$p=0.000<0.05$），研究生学历教师的认同程度最高（均值=4.22），初中以下学历教师认同程度最低（均值=3.50），不同学历小学语文教师认同程度都比较高。

　　对"听的转化能力"，高中（包括中专、职高）学历与本科学历教师认知存在显著差异、大专学历教师与本科学历教师认知存在显著差异（$p=0.004<0.05$，$p=0.000<0.05$），本科学历教师的认同程度最高（均值=4.22），初中以下学历教师认同程度最低（均值=4.00），不同学历小学语文教师认同程度都

比较高。

表3-4　不同教龄小学语文教师对"听"的能力评价指标的重要程度认知差异

项目	3年以下 （M±SD）	3～10年 （M±SD）	11～20年 （M±SD）	21年及以上 （M±SD）	F	显著性
听的接收能力	0.70±0.076	0.75±0.065	0.77±0.043	0.80±0.032	3.702	0.011
听的理解能力	0.67±0.073	0.69±0.060	0.75±0.042	0.80±0.031	5.792	0.001
听的复述能力	0.71±0.078	0.72±0.062	0.77±0.043	0.79±0.031	4.641	0.003
听的转化能力	0.67±0.073	0.71±0.061	0.79±0.044	0.79±0.031	3.275	0.020
N（人）	83	134	323	650		

由表3-4可见，"听的接收能力""听的理解能力""听的复述能力""听的转化能力"这四个"听"的评价指标，收尾概率p值均小于0.05，表明不同教龄小学语文教师认知差异显著。

就"听的接收能力"这个变量而言，3年以下、3～10年教龄教师与21年及以上教龄教师认知存在显著差异（$p=0.019$，$0.012<0.05$），21年及以上教龄教师的认同程度最高（均值=0.80），3年及以下教龄教师的认同程度最低（均值=0.70）。对"听的理解能力"，3年以下、3～10年教龄教师与21年及以上教龄教师认知存在显著差异（$p=0.008$，$0.001<0.05$），21年及以上教龄教师的认同程度最高（均值=0.80），3年及以下教龄教师的认同程度最低（均值=0.67）。对"听的复述能力"，3年以下、3～10年教龄教师与21年及以上教龄教师认知存在显著差异（$p=0.018$，$0.035<0.05$），21年及以上教龄教师的认同程度最高（均值=0.79），3年及以下教龄教师的认同程度最低（均值=0.71）。对"听的转化能力"，3年以下、3～10年教龄教师与21年及以上教龄教师认知存在显著差异（$p=0.017$，$0.021<0.05$），3年以下教龄教师的认同程度最低（均值=0.67）。

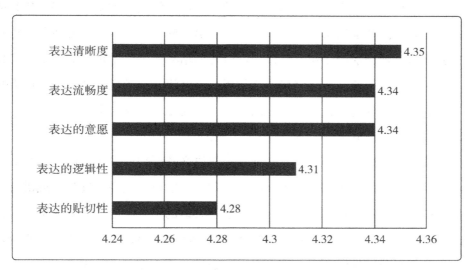

图3-3 小学语文教师对"说"的能力评价指标的重要程度认知对比图

如图3-3所示，小学语文教师认为"说"的各个能力指标对评价语文学习的重要性程度由高到低依次是表达清晰度、表达流畅度、表达的意愿、表达的逻辑性、表达的贴切性。调查结果表明，小学语文教师认为表达清晰度是"说"的最重要评价维度。

访谈中，高级教师邓之富提道：当前课堂上老师多关注于"说"的内容的评价，关于"说"的量（活动）比较少。课外阅读基本处于无评价状态，无法追踪孩子的语言运用。黄瑾老师建议，在关注和培养学生表达清晰度时，要善于利用复述和游戏、耐心引导、给予正面鼓励，老师在表达时注意以身作则，以起到良好的示范作用。此外刘小妹老师认为：培养学生的"说"，首先要具备"听"的能力。目前低年级学生普遍存在不懂听、听不懂、表达没有逻辑等情况，因此教师可以通过提供标准和模式的方式，让学生按照固定的模子去训练和展示自己，过程中教师可以通过口头提示，借助关键词帮助学生识记；此外，课下也可以布置一些相关的口头作业，诸如讲一则故事给家长听，并由家长录制视频发到学习群里，由教师和同学进行互评，通过榜样示范和激励评价等方式来促进学生表达的能力。

我国受西汉的察举制和隋唐科举制的影响，把能读会写当作教育的主要任务。20世纪初，得益于新文化运动的推动，"说"的训练才得到发展。从20世纪初至1992年的几部语文教学大纲都将"口语交际"称为"听话说话"。随着现代社会对人才需求的变化，口语交际能力的培养成为一个现实的问题，学校中的听说教学终于被"口语交际"所替代。2001年，义务教育课标将"口语交际"列为语文课程的五大领域学习内容之一。这是教学理念上的一个变化，是语言教学的一次进步。

关于学生口语交际能力评价标准，小学语文新课程标准（最新修订版）第一学段（1～2年级）（四）口语交际中规定：①学讲普通话，逐步养成讲普通话的习惯。②能认真听别人讲话，努力了解讲话的主要内容。③听故事、看音像作品，能复述大意和自己感兴趣的情节。④能较完整地讲述小故事，能简要讲述自己感兴趣的见闻。⑤与别人交谈，态度自然大方，有礼貌。⑥有表达的自信心。积极参加讨论，敢于发表自己的意见。小学语文新课程标准（最新修订版）第二学段（3～4年级）（四）口语交际中规定：①能用普通话交谈。在交谈中能认真倾听，养成向人请教、与人商讨的习惯。②听人说话能把握主要内容，并能简要转述。③能清楚明白地讲述见闻，并说出自己的感受和想法。讲述故事力求具体生动。④口语交际评价学生的口语交际能力，应重视考察学生的参与意识和情意态度。评价应在具体的交际情境中进行，让学生承担有实际意义的交际任务，以反映学生真实的口语交际水平。新加坡华文课程标准把听说的学习目标分听话和说话两方面并做了如下规定：

（1）听力方面，要求：①听懂一般日常生活的话题。②听懂相声、短剧的广播。③听懂一般本地新闻。④听懂一般国内外关于政治、经济等课题的新闻。⑤听懂有关普通话的演讲、辩论或报告。⑥听懂比较专门的话题的演讲、辩论或报告。⑦听懂国内外专门课题的演讲、报告、座谈会，并能加以分析和判断。

（2）说话方面，要求：①能用正确的声音、语调和语气讲含意较深的故事。②能和别人讨论跟日常生活有关的话题。③能和别人讨论一些较专门性的问题。④能和别人讨论国内外经济、文化、社会的话题。⑤能就一般性的课题作简短演讲。⑥能演讲和辩论一些较专门的课题。⑦能用准确、扼要和贴切的言辞及适当的语气把抽象的概念、感情，清楚而且有条理地表达出来。

关于学生口语交际能力评价结构体系，我国学者在20世纪90年代，就根据口语能力结构体系，把小学生听说能力结构因素归结为14个变量，编制出了听、说测验项目和评分标准，提出听话能力构成要素主要有三方面：注意与感知；理解；反应与品评。与之相对应的听话测评项目有三方面六个指标：词汇感知、细节感知；理解词义、了解句型、理解内容；分辨正误。说话能力构成要素主要有三个方面：组织内部语言；快速言语编码；运用语言、语速、语调及态势语。与之相对应的说话测评项目有三方面五个指标：语脉；语汇、语意；语态、语用。由于研究是根据当时的教学目标及听说测评的可测性原则与因素分析要求进行的，因此归纳出的测评项目与现在的课程标准规定相比，在交际情境的把握上有欠缺，但其研究思路仍能给我们以诸多启示。

王光龙认为，听话能力是运用听觉辨别、接收口语信息的能力，大致包括如下要素：对话语的注意能力（敏感性、专注性、持续性），对话语的感知能力（语音感知力、重音感知力、语气感知力等），对话语的理解品评能力（正确理解话语的表层意义和言外之意，对言语交际系统的辨识能力，对说话人体态语言的理解能力，话语鉴赏能力，对说话意图的分析能力，对观点、内容、论据的鉴别能力，形成看法和结论的能力等），等等。说话能力主要有：内部言语的组织能力、言语编码能力、正确的语音能力、运用语音表情达意的能力和使用体态语的能力等方面。此外，王峻、王荣生、许长庵等认为，口语交际能力主要由以下要素构成：组织内部言语的能力，快速言语编码能力，运用语音、语速、语调和态势语的能力，注意能力，理解能力和品评能力。

关于听力测试系统需要考核与衡量测试者的指标，Wilkinson提出了五条：对说话内容的理解、领会说话者突出强调的词语的含义、理解语言上下文所必需的语法、词义、主题等基础、对相应语言情境的了解（属于语域范畴）以及从说话者使用的话语认识他们的角色及其关系。Wagner提出了六条指标：找出细节和事实、辨识支持性观点、找出所谈论的中心或主题、对篇章的内容及其内部关系进行推理、对说话人的态度和深层含义进行推理、根据篇章内容猜测词义。[①]

表3-5　不同性别小学语文教师对"说"的能力评价指标的重要程度认知差异表

	性别	N	均值	标准差	F	Sig.	t	Sig.（双侧）
表达的意愿	男	228	4.25	0.782	1.703	0.192	-2.159	0.031
	女	962	4.37	0.724			-2.059	0.040
表达清晰度	男	228	4.26	0.750	0.115	0.735	-1.990	0.047
	女	962	4.37	0.735			-1.965	0.050
表达流畅度	男	228	4.29	0.735	0.060	0.806	-1.270	0.204
	女	962	4.35	0.730			-1.265	0.207
表达的逻辑性	男	228	4.23	0.819	2.954	0.086	-1.693	0.091
	女	962	4.32	0.750			-1.604	0.110
表达的贴切性	男	228	4.16	0.814	1.057	0.304	-2.670	0.008
	女	962	4.31	0.749			-2.537	0.012

　　由表3-5可见，评价语文学习"说"的重要评价指标是"表达流畅度""表达的逻辑性"，这两个变量收尾概率p值均大于0.05，未达到显著水平，表明不同性别小学语文教师认知差异不显著。

　　就"表达意愿""表达清晰度""表达的贴切性"这三个变量而言，收尾概率p值均小于0.05，表明不同性别小学语文教师认知差异显著。在于"表达意愿"对评价语文学习的重要性程度上，女教师（均值=4.37）的认同度高于男教师（均值=4.25）。对于"表达清晰度"对评价语文学习的重要性程度，女教师（均值=4.37）的认同度高于男教师（均值=4.26）。对于"表达的贴切性"，女教师（均值=4.31）的认同度高于男教师（均值=4.16）。

---

① 祝新华. 聆听评估. 香港理工大学人文学院CBS512中国语文测试Introduction to Chinese Language Testing科目资料，2013：1.

表3-6 城乡小学小学语文教师对"说"的能力评价指标的重要程度认知差异表

项目	地区	N	均值	标准差	F	Sig.	t	Sig.（双侧）
表达的意愿	农村	736	4.26	0.738	0.090	0.764	−4.775	0.000
	城市	342	4.49	0.721			−4.815	0.000
表达清晰度	农村	736	4.25	0.748	1.303	0.254	−5.702	0.000
	城市	342	4.53	0.688			−5.880	0.000
表达流畅度	农村	736	4.26	0.734	0.884	0.347	−5.059	0.000
	城市	342	4.50	0.697			−5.156	0.000
表达的逻辑性	农村	736	4.21	0.763	0.778	0.378	−5.671	0.000
	城市	342	4.49	0.705			−5.837	0.000
表达的贴切性	农村	736	4.18	0.765	0.000	0.989	−5.765	0.000
	城市	342	4.46	0.717			−5.904	0.000

由表3-6可见，"表达的意愿""表达清晰度""表达流畅度""表达的逻辑性""表达的贴切性"这五个"说"的评价指标，收尾概率p值均小于0.05，表明城乡小学语文教师认知差异不显著。

就"表达的意愿"这个变量而言，城市任教教师的认同度（均值=4.49）高于农村任教教师（均值=4.26）。对于"表达清晰度"，城市任教教师（均值=4.53）的认同度高于农村任教教师（均值=4.25）。对于"表达流畅度"，城市任教教师（均值=4.50）的认同度高于农村任教教师（均值=4.26）。对于"表达的逻辑性"，城市任教教师（均值=4.49）的认同度高于农村任教教师（均值=4.21）。对于"表达的贴切性"，城市任教教师（均值=4.46）的认同度高于农村任教教师（均值=4.18）。

表3-7 不同学历小学语文教师对"说"的能力评价指标的重要程度认知差异

项目	初中及以下（M ± SD）	高中（包括中专、职高）（M ± SD）	大专（M ± SD）	本科（M ± SD）	研究生（M ± SD）	F	显著性
表达的意愿	3.83 ± 1.169	4.17 ± 0.769	4.23 ± 0.768	4.49 ± 0.662	4.22 ± 0.972	10.195	0.000
表达清晰度	3.83 ± 0.753	4.26 ± 0.773	4.24 ± 0.770	4.47 ± 0.683	4.56 ± 0.527	8.385	0.000
表达流畅度	4.17 ± 0.753	4.24 ± 0.736	4.25 ± 0.767	4.45 ± 0.679	4.44 ± 0.527	5.570	0.000
表达的逻辑性	3.83 ± 1.169	4.20 ± 0.778	4.18 ± 0.788	4.45 ± 0.706	4.33 ± 0.707	9.989	0.000
表达的贴切性	3.83 ± 0.753	4.07 ± 0.712	4.16 ± 0.787	4.43 ± 0.710	4.22 ± 0.972	11.096	0.000
N（人）	6	46	585	544	9		

由表3-7可见，"表达的意愿""表达清晰度""表达流畅度""表达的逻辑性""表达的贴切性"这五个"说"的评价指标，收尾概率p值均小于0.05，表明不同学历小学语文教师认知差异显著。

就"表达的意愿"这个变量而言，初中以下学历教师与本科学历教师认知存在显著差异、高中（包括中专、职高）学历教师与本科学历教师认知存在显著差异、大专学历教师与本科学历教师认知存在显著差异（$p=0.028$<0.05，$p=0.000$<0.05，$p=0.000$<0.05），本科学历教师的认同程度最高（均值=4.49），初中以下学历教师认同程度最低（均值=3.83），不同学历小学语文教师认同程度都比较高。

对于"表达清晰度"，初中以下学历教师与本科学历教师认知存在显著差异、大专学历教师与本科学历教师认知存在显著差异（$p=0.033$<0.05，$p=0.000$<0.05），研究生学历教师的认同程度最高（均值=4.56），初中以下学历教师认同程度最低（均值=3.83），不同学历小学语文教师认同程度都比较高。

对于"表达流畅度"，大专学历教师与本科学历教师认知存在显著差异

（p=0.000＜0.05），本科学历教师的认同程度最高（均值=4.45），初中以下学历教师认同程度最低（均值=4.17），不同学历小学语文教师认同程度都比较高。

对于"表达的逻辑性"，初中以下学历教师与本科学历教师存在显著差异、高中（包括中专、职高）学历教师与本科学历教师认知存在显著差异、大专学历教师与本科学历教师认知存在显著差异（p=0.045＜0.05，p=0.027＜0.05，p=0.000＜0.05），本科学历教师的认同程度最高（均值=4.45），初中以下学历教师认同程度最低（均值=3.83），不同学历小学语文教师认同程度都比较高。

对于"表达的贴切性"，高中（包括中专、职高）学历教师与本科学历教师认知存在显著差异、大专学历教师与本科学历教师认知存在显著差异（p=0.001＜0.05，p=0.000＜0.05），本科学历教师的认同程度最高（均值=4.43），初中以下学历教师认同程度最低（均值=3.83），不同学历小学语文教师认同程度都比较高。

表3–8　不同教龄小学语文教师对"说"的能力评价指标的重要程度认知差异

项目	3年以下 （M±SD）	3～10年 （M±SD）	11～20年 （M±SD）	21年及以上 （M±SD）	F	显著性
表达的意愿	4.54±0.591	4.51±0.598	4.37±0.730	4.27±0.772	6.626	0.000
表达清晰度	4.57±0.588	4.44±0.631	4.36±0.732	4.29±0.774	4.400	0.004
表达流畅度	4.55±0.547	4.43±0.606	4.33±0.733	4.30±0.768	3.801	0.010
表达的逻辑性	4.58±0.544	4.44±0.643	4.33±0.754	4.23±0.804	7.194	0.000
表达的贴切性	4.51±0.612	4.41±0.628	4.32±0.749	4.20±0.803	6.426	0.000
N（人）	83	134	323	650		

由表3–8可见，"表达的意愿""表达清晰度""表达流畅度""表达的逻辑性""表达的贴切性"这五个"说"的评价指标，收尾概率p值均小于0.05，表明不同学历教师认知差异显著。

就"表达的意愿"这个变量而言，3年以下、3～10年教龄教师与21年及以上教龄教师认知存在显著差异（p=0.019，0.012＜0.05），3年以下教龄教师的认同程度最高（均值=4.54），21年及以上教龄教师的认同程度最低（均值

=4.27）。就"表达清晰度"这个变量而言，3年以下、3～10年教龄教师与21年及以上教龄教师认知存在显著差异（$p=0.019$，$0.012<0.05$），3年以下教龄教师的认同程度最高（均值=4.57），21年及以上教龄教师的认同程度最低（均值=4.29）。就"表达流畅度"这个变量而言，3年以下、3～10年教龄教师与21年及以上教龄教师认知存在显著差异（$p=0.019$，$0.012<0.05$），3年以下教龄教师的认同程度最高（均值=4.55），21年及以上教龄教师的认同程度最低（均值=4.30）。就"表达的逻辑性"这个变量而言，3年以下、3～10年教龄教师与21年及以上教龄教师认知存在显著差异（$p=0.019$，$0.012<0.05$），3年以下教龄教师的认同程度最高（均值=4.58），21年及以上教龄教师的认同程度最低（均值=4.23）。就"表达的贴切性"这个变量而言，3年以下、3～10年教龄教师与21年及以上教龄教师认知存在显著差异（$p=0.019$，$0.012<0.05$），3年以下教龄教师的认同程度最高（均值=4.51），21年及以上教龄教师的认同程度最低（均值=4.20）。

表3-9　不同职称小学语文教师对"说"的能力评价的重要程度的认知差异表

项目	初级 （二、三级） （M±SD）	中级 （一级） （M±SD）	高级 （高级、正高级） （M±SD）	未评定 （M±SD）	F	显著性
表达的意愿	4.28±0.767	4.35±0.745	4.33±0.748	4.48±0.608	2.804	0.039
表达清晰度	4.32±0.766	4.33±0.752	4.35±0.730	4.45±0.635	1.357	0.255
表达流畅度	4.27±0.764	4.34±0.749	4.34±0.728	4.49±0.568	3.341	0.019
表达的逻辑性	4.26±0.785	4.30±0.762	4.27±0.824	4.44±0.662	2.385	0.068
表达的贴切性	4.26±0.771	4.27±0.766	4.20±0.849	4.40±0.658	2.033	0.107
N（人）	369	526	126	169		

由表3-9可见，在不同职称小学语文教师对"说"的能力评价中，"表达的意愿""表达流畅度"这两个变量的收尾概率p值均小于0.05，表明不同职称小学语文教师认知差异显著。其余三个变量收尾概率p值均大于0.05，表明不同职称小学语文教师认知差异不显著。

就"表达的意愿"这个评价指标而言，未评定职称教师分别与初级（二、三级）教师、中级（一级）教师认知存在显著差异（p=0.004，0.016<0.05）。未评定职称的教师的认同程度最高（均值=4.48），初级（二、三级）教师的认同程度最低（均值=4.28），不同职称小学语文教师认同度都高。就"表达流畅度"这个评价指标而言，未评定职称教师分别与初级（二、三级）教师、中级（一级）教师认知存在显著差异（p=0.002，0.027<0.05）。未评定职称的教师的认同程度最高（均值=4.48），初级（二、三级）教师的认同程度最低（均值=4.27），不同职称小学语文教师认同度都高。

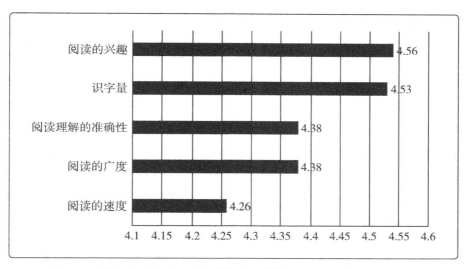

图3-4 小学语文教师对"读"的能力评价指标的重要程度认知对比图

如图3-4所示，小学语文教师认为"读"的各个能力指标对评价语文学习的重要性程度由高到低依次是阅读的兴趣、识字量、阅读理解的准确性、阅读的广度、阅读的速度。调查结果表明，小学语文教师认为阅读兴趣是语文"读"的最重要评价。

兴趣作为学生认识事物、探索世界的内部动机，对不管是工作和学习都起着至关重要的作用。学生阅读兴趣的培养不仅是对语文学科本身，还包括学生学习的自主性、能动性都是有帮助的。因此教师在实践过程中为学生选取的阅读材料必须切合学生的心理年龄，必须符合学生的兴趣和个体生活经验。黄瑾老师结合自身教学经验指出，要培养学生的阅读兴趣，教师首先应该相信每个学生都有阅读的欲望，并对阅读方法加以指导；其次可以举办各种各样的活动，让学生感受到阅读的乐趣、分享知识的快乐，对学生的阅读兴趣进行外部刺激和强化；最后学校应该为学生阅读提供学习设备设施、阅读平台及书籍资源，营造激励阅读的氛围。访谈过程中，刘小妹老师也提到她的关于阅读兴趣培养方法，即"课上会抛出一些学生感兴趣的问题，有好奇心和求知欲比较强的学生就会借助网络、书籍以及父母的帮助去阅读、了解，继而通过展示与表达，并结合教师的奖励与激励性评价，从而调动全班学生的阅读兴趣。"

在小学语文新课程标准（最新修订版）第三学段（5～6年级）（二）阅读中规定：①能用普通话正确、流利、有感情地朗读课文。②默读有一定的速度，默读一般读物每分钟不少于300字。学习浏览，扩大知识面，根据需要搜集信息。③能借助词典理解词语的意义。能联系上下文和自己的积累，推想课文中有关词句的意思，辨别词语的感情色彩，体会其表达效果。④在阅读中揣摩文章的表达顺序，体会作者的思想感情，初步领悟文章基本的表达方法。在交流和讨论中，敢于提出自己的看法，做出自己的判断。⑤阅读叙事性作品，了解事件梗概，能简单描述自己印象最深的场景、人物、细节，说出自己的喜欢、憎恶、崇敬、向往、同情等感受。阅读诗歌，大体把握诗意，想象诗歌描述的情境，体会诗人的情感。受到优秀作品的感染和激励，向往和追求美好的理想。阅读说明性文章，能抓住要点，了解课文的基本说明方法。⑥在理解课文的过程中，体会顿号与逗号、分号与句号的不同用法。⑦诵读优秀诗文，注意通过诗文的声调、节奏等体味作品的内容和情感。背诵优秀诗文60篇（段）。⑧扩展阅读面。课外阅读总量不少于100万字。

小学语文新课程标准（最新修订版）阅读评价要综合考查学生阅读过程中的感受、体验、理解和价值取向，要关注其阅读兴趣、方法与习惯，也要关注其阅读面和阅读量，以及选择阅读材料的趣味和能力，重视对学生多角度、有创意阅读的评价，语法、修辞知识不作为考试内容。朗读、默读的评价，能用普通话正确、流利、有感情地朗读课文，是朗读的总要求。根据阶段目标，各学段可以有所侧重。评价学生的朗读，应注意考察对内容的理解，可从语音、语调和情感表达等方面进行综合考查。评价默读，从学生默读的方法、速度、效果和习惯等方面进行综合考查。精读的评价，要考查学生在词句理解、文意把握、要点概括、内容探究、作品感受等方面的表现，重视评价学生对读物的综合理解能力，要注意评价学生的情感体验和创造性的理解。评价略读，重在考查学生能否把握阅读材料的大意；评价浏览能力，重在考查学生能否从阅读材料中捕捉有用信息。文学作品阅读的评价，着重考查学生对形象的感受和情感的体验，对学生独特的感受和体验应加以鼓励。古诗文阅读的评价，评价学生阅读古代诗词和浅易文言文，重点考查学生的记诵积累，考查他们能否凭借注释和工具书理解诗文大意，词法、句法等方面的知识不作为考试内容。

（一）国内外关于"读"的构成要素

二十世纪初，心理学家桑代克进行了研究。他提出测试应由四个因素构成：权衡句中各字；组织各字关系；选择各字含义；决定最后反应。此后，研究日渐深入。比较有代表性的观点主要有：英国的阅读理解八因素说。①词义。②词义（上下文）。③字面理解力。④简单推断。⑤综合推断。⑥隐喻。⑦重点。⑧评价。E. C. 肯尼迪从认知心理出发，把阅读理解划分为三个层面：词语认知、理解、综合。肯尼迪研究的贡献在于，揭示了阅读理解诸因素之间的内在联系，提出阅读的核心在于理解。

20世纪30年代，我国的研究者陈礼江提出"读法四要素"：速度；理解；组织；记忆。40年代，艾伟又把默读能力归纳为四个方面：迅速浏览，摄取大意的能力；精心详读，记取细节的能力；综览全章，挈取纲领的能力；玩味原义、推取含义的能力。近年来，我国大陆研究者关于阅读能力结构的研究成果也较丰富，主要有：邝怀熙把阅读能力分解为认读能力、理解能力、分析吸收能力。张建华认为，构成阅读能力有三个因素：知识因素、思维因素、技能因素。张鸿苓等人把阅读能力的发展划分为三个阶段：积累性阅读阶段、理解性阅读阶段、评判性阅读阶段。与这几个阶段有关，阅读能力包括四个方面：认读能力、理解能力、鉴赏能力、思维能力。章熊认为，阅读能力由五个因素构成，即认知能力、筛选能力、阐释能力、组合能力。韩雪屏等人认为阅读能力是一个多侧面、多层级的复合结构，它可以划分为五个侧面，即阅读的理解、阅读的记忆、阅读的速度、间读的技能。此外，莫雷认为阅读能力结构包括八个因素：语言解码能力、组织连贯能力、模式辨别能力、筛选贮存能力、概括能力、评价能力、语感能力、阅读迁移能力。

从国内外研究者的论述可以看出，其观点有许多是相同的，所不同的是层级划分和分析方法上的差别，有的是概念使用上的差别。阅读理解和阅读速度是被共同关注的因素构成部分，阅读理解的主要评价指标有两个：阅读速度和理解力。

（二）在实践中进行阅读评价的状况

（1）国外阅读学习评价方式与方法。

德国的阅读评价方式主要是默读。进行定期的阅读检查和阅读测验，一般是利用下面的评价性问题检查其阅读成果：①所读文章的核心问题是什么？②文章作者持何种态度？③文章作者怎样论证自己的观点？④读者同意作者论证的哪几点？⑤读者反对作者的哪些论证？⑥读者为什么反对这些观点？⑦文章作者还谈到了哪些次要问题？⑧文章作者对这些问题的态度如何？⑨读者对这些问题抱什么态度？一般采用分数衡量学生的阅读成绩，优秀为250~230分，良好为229~200分及格为199~170分。奥地利设计了一种衡量学生阅读成绩的分数制，研制了检测中学各年级学生阅读水平的表格。"理解含义"的测验用选择答案的方式进行，每个问题下面有四种供选择的答案，测验题目都与理解故事发展的重要事实及情节要素有关，正确回答一道题得十分。这种阅读测验每年在三次以上，且每次测验前进行若干次模拟测验。此外，奥地利还在"芝加哥科学调查联合会阅读研究会"的推动下，研制并发放了"阅读者证件"，目的在于引导学生观察自己在一年内阅读水平的提高及阅读能力的进步情况，记录学生阅读过的材料和所需要的时间。证件主体内容分为数目、时间、作者姓名、书名、页数、喜欢程度（1–5）等几项。其中，喜欢程度1为最喜欢，2为喜欢，3为一般，4为不喜欢，5为最不喜欢。证件封底用于"书籍介绍"，还有五页供学生记录自己已经读过的书名，另有一页供记录阅读测验成绩用。阅读者证件能够帮助教师了解某个学生的阅读水平，特别是学生阅读兴趣提高的情况，成为按学生阅读兴趣因材施教的依据和按阅读能力分组的基础。还有美国PISA阅读素养测试。PISA测验从2000年起每三年进行一次测评，旨在测试即将完成义务教育阶段的15岁学生在参与现代社会时所必备的关键知识和能力，核心测试领域有阅读素养、数学素养和科学素养，每次选其中一个作为主要测试领域，其他两个则为次要测试领域。

（2）我国阅读学习评价方式与方法。

我国研究者[①]朱作仁等编写的部分《中国小学毕业生默读量表》包括甲、乙、丙三份试卷。甲卷测查阅读速度，采用悬牌法计时，读完后做测试题10道，得分为有效读速（字数/分）。乙卷着重检测学生的知识长进率，采取两次完形的办法：选取一篇文章，按照一定规则删去一些词（如依次每逢第10个词删去），令学生填空，限时5分钟；第二步，翻看未删词的原文，限时2分钟；第三步，再做一张填空卷，文章相同，但删去的词和第一次不同，也限5分钟完卷。第一次填空得分（以填对个数计算）为t_1，第二次为t_2，求t_2+t_1和t_2-t_1的值，查T分数换算表（经过标准化处理的知识长进率分数值）进行换算。丙卷为阅读理解测验，要求学生阅读一篇难度相宜的文章，边读边答题，时间为一个半小时，着重于测查阅读理解能力。最后把甲、乙、丙三卷的原始分数分别做加权处理，三卷处理后的分数相加，即为试验总成绩。三份试卷都有"使用须知""说明""实施步骤""指导语""计分及其计算公式""参考答案和得分"，此外还有"分数等级表"和"成绩登记表"，整个设计可以说是比较细致而完备的。

表3-10 量表评分等级表

试卷	甲卷	乙卷	丙卷	全套量表（A-1）
等级	有效读速(字/分)	T分数	阅读理解分	测验总成绩
上	490字/分以上	64—86	24—30	197分以上
中	280—489字/分	36—63	16—23	134—196分
下	279字/分以下	0—35	0—15	0—133分

---

① 章熊. 中国当代写作与阅读测试 [M]. 四川：四川教育出版社，1995：383.

由上表3-10可以看出，首先，一线教师更多关注于学生阅读兴趣的培养，兴趣作为一种内部动机，对学生阅读的自主性和能动性都是有帮助的；其次，纵观国内外对"读"的评价，不同学者根据国情需要编制出不同的评价工具和指标，更多表现在识字量和阅读速度的评价。这也是与我国小学语文新课程标准相吻合，其中分别对学生学习兴趣、识字量、阅读速度等有明确要求。

表3-11　不同性别小学语文教师对"读"的能力评价指标的重要程度认知差异表

项目	性别	N	均值	标准差	F	sig	t	Sig.（双侧）
阅读的兴趣	男	228	4.43	0.745	13.021	0.000	−2.675	0.008
	女	962	4.57	0.660			−2.482	0.014
阅读的速度	男	228	4.17	0.734	1.290	0.256	−2.087	0.037
	女	962	4.29	0.750			−2.115	0.035
阅读的广度	男	228	4.27	0.741	0.376	0.540	−2.542	0.011
	女	962	4.4	0.708			−2.470	0.014
阅读理解的准确性	男	228	4.3	0.751	0.629	0.428	−1.741	0.082
	女	962	4.4	0.723			−1.700	0.090
识字量	男	228	4.42	0.725	9.570	0.002	−2.896	0.004
	女	962	4.56	0.660			−2.734	0.007

由表3-11可见，评价语文学习"读"的重要评价指标是"阅读理解的准确性"，这个变量收尾概率p值均大于0.05，未达到显著水平，表明不同性别小学语文教师认知差异不显著。

就"阅读的兴趣""阅读的速度""阅读的广度""识字量"这四个变量而言，其收尾概率p值均小于0.05，表明不同性别小学语文教师认知差异显著。在阅读的兴趣对评价语文学习的重要性程度上，女教师（均值=4.57）的认同度高于男教师（均值=4.43）。对阅读的速度对评价语文学习的重要性程度，女教师（均值=4.29）的认同度高于男教师（均值=4.17）。对阅读的广度，女教师（均值=4.4）的认同度高于男教师（均值=4.27）。对识字量，女教师（均值=4.56）的认同度高于男教师（均值=4.42）。

表3-12 城乡小学语文教师对"读"的能力评价指标的重要程度认知差异表

项目	地区	N	均值	标准差	F	Sig.	t	Sig.（双侧）
阅读的兴趣	农村	736	4.48	0.711	28.411	0.000	−3.870	0.000
	城市	342	4.65	0.608			−4.098	0.000
阅读的速度	农村	736	4.17	0.749	0.221	0.638	−5.558	0.000
	城市	342	4.44	0.715			−5.655	0.000
阅读的广度	农村	736	4.30	0.739	7.616	0.006	−4.332	0.000
	城市	342	4.51	0.662			−4.509	0.000
阅读理解的准确性	农村	736	4.31	0.745	4.049	0.044	−3.883	0.000
	城市	342	4.50	0.684			−4.007	0.000
识字量	农村	736	4.50	0.700	10.162	0.001	−1.880	0.060
	城市	342	4.58	0.629			−1.954	0.051

由表3-12可见，就"识字量"这个"读"的评价指标，收尾概率p值大于0.05，表明城乡小学语文教师认知差异显著。

"阅读的兴趣""阅读的速度""阅读的广度""阅读理解的准确性"这四个"读"的评价指标对于评价小学生语文学习的重要程度而言，收尾概率p值均小于0.05，表明城乡小学语文教师认知差异显著。就阅读的兴趣这个变量而言，城市任教教师的认同度（均值=4.65）高于农村任教教师（均值=4.48）。对阅读的速度，城市任教教师（均值=4.44）的认同度高于农村任教教师（均值=4.17）。对阅读的广度，城市任教教师（均值=4.51）的认同度高于农村任教教师（均值=4.30）。对阅读理解的准确性，城市任教教师（均值=4.50）的认同度高于农村任教教师（均值=4.31）。

表3-13 不同学历小学语文教师对"读"的能力评价指标的重要程度认知差异

项目	初中及以下 （M±SD）	高中（包括中专、职高） （M±SD）	大专 （M±SD）	本科 （M±SD）	研究生 （M±SD）	F	显著性
阅读的兴趣	3.83 ± 1.169	4.46 ± 0.780	4.47 ± 0.723	4.64 ± 0.594	4.44 ± 0.726	6.61	0.00
阅读的速度	3.83 ± 0.753	4.17 ± 0.709	4.18 ± 0.791	4.38 ± 0.681	3.78 ± 0.972	6.78	0.00

项目	初中及以下	高中（包括中专、职高）	大专	本科	研究生	F	显著性
	（M±SD）	（M±SD）	（M±SD）	（M±SD）	（M±SD）		
阅读的广度	3.83±0.753	4.28±0.779	4.30±0.753	4.48±0.656	4.00±0.500	6.05	0.00
阅读理解的准确性	3.83±0.753	4.33±0.762	4.30±0.767	4.48±0.670	4.22±0.667	5.60	0.00
识字量	4.33±0.816	4.50±0.723	4.47±0.723	4.61±0.608	4.11±0.333	4.38	0.00
N（人）	6	46	585	544	9		

由表3–13可见，"阅读的兴趣""阅读的速度""阅读的广度""阅读理解的准确性""识字量"这五个"读"的评价指标，收尾概率p值均小于0.05，表明不同学历小学语文教师认知差异显著。

就"阅读的兴趣"这个变量而言，初中以下学历教师分别与高中（包括中专、职高）、本科、研究生学历教师认知存在显著差异、大专学历教师与本科学历教师认知存在显著差异（$p=0.033<0.05$，$p=0.022<0.05$，$p=0.004<0.05$，$p=0.000<0.05$），本科学历教师的认同程度最高（均值=4.64），初中以下学历教师认同程度最低（均值=3.83），不同学历小学语文教师认同程度都比较高。

就"阅读的速度"，大专学历教师与本科学历教师认知存在显著差异、本科学历教师与研究生学历教师认知存在显著差异（$p=0.000<0.05$，$p=0.016<0.05$），本科学历教师的认同程度最高（均值=4.38），初中以下学历教师认同程度最低（均值=3.78），不同学历小学语文教师认同程度都比较高。

就"阅读的广度"，初中以下学历教师与本科学历教师认知存在显著差异、大专学历教师与本科学历教师认知存在显著差异、本科学历教师与研究生学历教师认知存在显著差异（$p=0.028<0.05$，$p=0.000<0.05$，$p=0.046<0.05$），本科学历教师的认同程度最高（均值=4.48），初中以下学历教师认

同程度最低（均值=3.83），不同学历小学语文教师认同程度都比较高。

对"阅读理解的准确性"，初中以下学历教师与本科学历教师认知存在显著差异、大专学历教师与本科学历教师存在显著差异（$p=0.030<0.05$，$p=0.000<0.05$），本科学历教师的认同程度最高（均值=4.48），初中以下学历教师认同程度最低（均值=3.83），不同学历小学语文教师认同程度都比较高。

对"识字量"，大专学历教师与本科学历教师认知存在显著差异、本科学历教师与研究生学历教师认知存在显著差异（$p=0.000<0.05$，$p=0.026<0.05$），本科学历教师的认同程度最高（均值=4.61），初中以下学历教师认同程度最低（均值=4.11），不同学历小学语文教师认同程度都比较高。

表3-14 不同教龄小学语文教师对"读"的能力评价指标的重要程度认知差异表

项目	3年以下 （M ± SD）	3～10年 （M ± SD）	11～20年 （M ± SD）	21年及以上 （M ± SD）	F	显著性
阅读的兴趣	4.66 ± 0.524	4.62 ± 0.585	4.57 ± 0.662	4.50 ± 0.718	2.712	0.044
阅读的速度	4.24 ± 0.709	4.31 ± 0.719	4.30 ± 0.742	4.24 ± 0.762	0.656	0.579
阅读的广度	4.45 ± 0.590	4.47 ± 0.634	4.38 ± 0.723	4.34 ± 0.741	1.509	0.210
阅读理解的 准确性	4.46 ± 0.611	4.45 ± 0.667	4.40 ± 0.704	4.34 ± 0.765	1.406	0.240
识字量	4.65 ± 0.528	4.58 ± 0.604	4.56 ± 0.668	4.49 ± 0.707	1.985	0.114
N（人）	83	134	323	650		

由表3-14可见，"阅读的速度""阅读的广度""阅读理解的准确性""识字量"这五个"读"的评价指标，收尾概率p值均大于0.05，表明不同教龄小学语文教师认知差异不显著。"阅读的兴趣"这个变量的收尾概率p值大于0.05，表明不同教龄小学语文教师认知差异显著。

就"阅读的兴趣"这个变量而言，3年以下教龄教师与21年及以上教龄教师认知存在显著差异（$p=0.034<0.05$），3年以下教龄教师的认同程度最高（均值=4.66），21年及以上教龄教师的认同程度最低（均值=4.50）。

表3-15 不同职称小学语文教师对"读"的能力评价指标的重要程度认知差异表

项目	初级 (二、三级)	中级 (一级)	高级 (高级、正高级)	未评定	F	显著性
	（M±SD）	（M±SD）	（M±SD）	（M±SD）		
阅读的兴趣	4.49±0.715	4.52±0.703	4.63±0.590	4.65±0.558	2.973	0.031
阅读的速度	4.49±0.715	4.52±0.703	4.63±0.590	4.65±0.558	0.802	0.493
阅读的广度	4.33±0.751	4.37±0.723	4.44±0.688	4.45±0.626	1.506	0.211
阅读理解的准确性	4.34±0.763	4.38±0.733	4.39±0.726	4.45±0.635	0.967	0.407
识字量	4.50±0.727	4.52±0.672	4.54±0.677	4.66±0.544	2.585	0.052
N（人）	369	526	126	169		

由表3-15可见，不同职称小学语文教师对"读"的能力评价中"阅读的兴趣"这个变量的收尾概率p值小于0.05，表明不同职称小学语文教师认知差异显著。其余四个变量收尾概率p值均大于0.05，表明不同职称小学语文教师认知差异不显著。

就"阅读的兴趣"这个评价指标而言，未评定职称教师分别与初级（二、三级）教师、中级（一级）教师认知存在显著差异（$p=0.011$，$0.033<0.05$）。未评定职称的教师的认同程度最高（均值=4.65），初级（二、三级）教师的认同程度最低（均值=4.49），不同职称小学语文教师认同度都高。

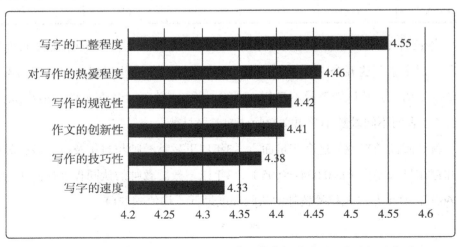

图3-5 小学语文教师对"写"的能力评价指标的重要程度认知对比图

如图3-5所示,小学语文教师认为"写"的各个能力指标对评价语文学习的重要性程度由高到低依次是写字的工整程度、对写作的热爱程度、写作的规范性、作文的创新性、写作的技巧性、写字的速度。调查结果表明,小学语文教师认为写字的工整程度是语文"写"的最重要评价维度。

首先刘小妹老师表示认同上述的调查数据,"学生刚开始写字,重要的是基础的笔画笔顺,而不是求速度。片面强调速度将导致学生写字不工整,也容易出错。写最重要的就是笔画笔顺的工整度,这也是最基础的。只有先把基础打好,才能要求学生速度慢慢跟上来。对于低年级学生来说,作业的布置是有考虑到学生正常书写速度的,学生速度慢多半是由于注意力不集中,一边写一边玩,是由于自身态度造成的。"关于能力的培养,刘小妹老师结合自己班级提道:一是训练,天生把字写得好看的为数不多,必须要通过后天练习。教师会借用中午的时间,通过口语提示为学生营造安静舒适的氛围,使学生注意力集中,对文字的笔画笔顺进行讲解,不对学生的量和速度做任何要求,也会利用假期的时间,让学生对字帖进行临摹,依然通过展示的方式进行奖励、激励评价和反馈等。二是生理成长,低年级一些学生由于生理因素,比较瘦小,手臂没有力气,抓不稳笔,要让其身体慢慢成长并结合训练一起培养。

《小学语文新课程标准》(最新修订版)对第二学段(3~4年级)作业如下要求。

(一)识字与写字

对学习汉字有浓厚的兴趣,养成主动识字的习惯。累计认识常用汉字2500个左右,其中1800个(比原减少200个)左右会写。有初步的独立识字能力。会运用音序检字法和部首检字法查字典、词典。能使用硬笔熟练地书写正楷字,做到规范、端正、整洁。用毛笔临摹正楷字帖。

《小学语文新课程标准》(最新修订版)识字与写字汉语拼音能力的评价,重在考查学生认读和拼读的能力,以及借助汉语拼音认读汉字、纠正地方音的情况。评价识字要考查学生认清字形、读准字音、掌握汉字基本意义的情况,在具体语言环境中运用汉字的能力,以及借助字典、词典等工具书识字的能力。教师应关注学生日常识字的兴趣,激发学生识字写字的积极性,关注学生写字的姿势与习惯，重视书写的正确、端正、整洁。

（二）写作

教师应做到：写作评价综合考查学生作文水平的发展状况，应重视对写作的过程与方法、情感与态度的评价，如是否有写作的兴趣和良好的习惯，是否表达了真情实感，表达是否得体恰当，对有创意的表达应予鼓励。评价要重视写作材料的准备过程，不仅要具体考查学生占有材料的丰富性、真实性，也要考查他们获取材料的方法。要用积极的评价引导学生通过观察、调查、访谈、阅读等途径，运用多种方法搜集材料。重视对作文修改的评价，要注意考查学生对作文内容、文字表达的修改，也要关注学生修改作文的态度、过程和方法。要引导学生通过自改和互改，取长补短，促进相互了解和合作，共同提高写作水平。采用多种评价方式，评价方式可以是书面的，可以是口头的；可以用等级表示，也可以用评语表示，还可以综合采用多种形式。提倡建立写作档案。写作档案除了存留有代表性的课内外作文外，还应有关于写作态度、主要优缺点以及典型案例分析的记录，以全面反映学生写作实际情况和发展过程。

（三）写字评价

语言文字的应用，除了口头传播之外，还有一种重要的形式就是通过视觉来进行呈现。于是，随着人类发展的需要，刻在龟甲、兽骨上的甲骨文出现了。而后，汉字的字形和书写工具都逐步发生了变化。语文课程标准对小学生写字提出了这样的要求："书写规范、整洁，注意汉字的间架结构，要养成正确的写字姿势和良好的写字习惯，并在书写中体会汉的优美。"自2001年6月《国家基础教育课程改革指导纲要》提出要加强写字教学以来，国家接连下发了众多文件来促进义务教育阶段写字教学的发展，如《关于中小学加强写字教学的若干意见》《教育部关于中小学开展书法教育的意见》《九年义务教育全日制小学写字教学指导纲要试用（试用）》等，都充分突显出了国家对书写教学的重视。

关于写字素养结构要素的主要观点：

表3-16

《九年义务教育全日制小学写字教学指导纲要》	1.情感和兴趣：热爱祖国文字，有兴地了解书法方面的故事。 2.知识：了解汉字的基本笔画、偏旁和结构，知道汉字书写的基本要求。 3.技能：写字姿势，执笔、运笔方法，能用硬笔和毛笔书写，掌握难写字和易错字的写法。 4.习惯：保持正确的写字姿势和执笔方法；写字认真细心；爱惜书写工具。
周小兵等	1.写字训练学生掌握基本字形，熟悉常见字体，正确地书写汉字。 2.书法欣赏。学生了解书法作品，识别各种字体，学会欣赏书法。 3.生活品质。学生在细心的一笔一画中磨炼意志，锻炼品质，逐步达到自身条件和内在素质的理解，更好地适应生活。
官群	1.坐姿方面；2.握笔姿势方面；3.笔顺方面；4.笔画方面；5.用笔力度方面；6.汉字结构方面；7.写字速度。
修祎	1.行为维度包括书写过程中的动作、态度、意志和情感。 2.书面维度汉字书写的正确性，对基本笔画、基本结构、笔顺的把握，对书写艺术性的理解和创造，以及个人的审美趣味等。
窦桂梅	1.正确。写字时的体态，写字本的摆放位置以及身体与桌子的距离，手离笔尖的距离及眼睛与纸面的距离。 2.执笔的姿势及笔与桌面的角度。 3.美观。书写整洁、字迹工整，每一个字都大小适中。
于魁荣	1.笔画结构。学生掌握汉字的笔画、部首以及结构，从低年级的铅笔字过渡到高年级钢笔字。 2.书写技能。形成基本的写字技能，了解楷体字的写法，高年级学习毛笔临帖，把握书写的量、度与时间。 3.写字智能。在写字的过程中形成一定观察力和想象力，在体验毛笔书法的过程中学会欣赏书法作品。 4.写字意向。形成一定的写字兴趣并在写字的过程中磨炼意志。
李浩	1.写字兴趣；2.坐姿；3.握笔姿势；4.笔画；5.笔顺；6.用笔力度；7.修改次数；8.字的位置；9.书写的正确性；10.书写的速度。

此外，张颖[①]（2017）根据上述相关理论指导以及语文学科人文性和工具性统一的要求，参考了其他已有的研究资料，对小学生写字素养的结构要素进行了新的划分。从小学生在写字过程中应该发展的写字能力与人文素养出发，笔者将写字素养划分为了"写字知识""能力与方法""兴趣与态度""习惯与意志""文化意识"五个结构要素，并结合课标要求，及已有研究成果和调查实践中一线教师给予的反馈意见，将五个结构要素又细化为多个相关的子要素，并将小学生写字素养评价指标分为三个阶段：

（1）小学生写字素养评价指标体系（第一学段）。

一、二年级的学生刚刚接触汉字书写，学习过程中应该以写字兴趣的培养为主，不宜在写字能力上做过高要求。但是，基本的写字知识需要扎扎实实地掌握，这是进一步写好汉字的基础。同时，低学段的学生应该要养成良好的书写习惯，正确的坐姿和执笔姿势不仅是写好汉字的前提，也有利于小学生骨骼的健康发育，这一切对于今后的汉字书写来说都是大有裨益。

（2）小学生写字素养评价指标体系（第二学段）。

三、四年级是小学生写字素养发展的重要时期，在已有知识和能力的基础上，孩子们的骨骼发育日趋成熟，在写字力度、速度和持久性上都有一定的进步。三年级的学生一方面要开始学习使用钢笔书写，感受钢笔弹性的笔尖带来的笔画间的轻重粗细变化，另一方面要开始接触毛笔，感受软笔带来的灵动飘逸之感，因此这个时期是培养写字素养的关键时期。教师在教学中对学生的要求也要适当合理，同时采用丰富多样的教学、评价方式，避免让写字成为一种负担。

（3）小学生写字素养评价指标体系（第三学段）。

五、六年级的学生已经逐步进入汉字书写的稳定提升期，他们中的大多数人基本掌握了写字的基本知识和规律，并形成了稳定的写字习惯，能够较为独立自觉地要求自己写好汉字，有的学生甚至已经形成了自己的书写风格。但是，教师不可忽视少数还未达到基本正确、规范标准的学生，应不厌其烦地提

---

① 张颖. 小学生写字素养评价研究［D］. 上海：华中师范大学，2017.

醒他们，注意写字习惯，指导他们提高写字技能。教师可根据学生的学情来因材施教，以促进学生写字素养的健康发展。

（四）写作评价

我国的写作评价从清初就开始了。清代唐彪在《读书作文谱》中，提出4个作文的评改标准：少改、自改、隔时改、反复改。20世纪二三十年代，以俞子夷、艾伟等为代表开始编制作文量表，写作评价慢慢发展到自觉的时代。叶圣陶老先生认为，教师批改作文是为了使学生养成一种能力，不待教师批改，学生可以自改。20世纪五六十年代，基本的写作模式形成，写作评价主要分为批改和讲评，重点是字词句和内容。到20世纪80年代后，写作评价受到更多的关注，采用定性和定量方法探索作文评价的科学化。近年来，写作评价有了进一步各式各样的发展。专家、学者们认为对写作的评价应是发展的、积极的，鼓励的多元化评价。评价主体要多元化，即让教师、学生、家长或教育工作者参与评价，并建立民主的师生评价关系。评价方式多元化，包括教师导课、学生自评、师生互评、口头评价、书面评价、家长参评和档案袋评价几种，在不同的发展阶段又有诊断性评价、形成性评价和终结性评价。评价内容多元化，包括材料准备阶段的评价、写作能力的评价、作文修改、创意的表达等。还有学者研究现行教育评价理论，编制作文量表从而减小作文评分误差。这些都是现在一些学者们提出关于写作评价的一些新观点和看法，主要是对写作评价的科学化探索。

外国关于写作评价的研究是很深入的，如美国俄勒冈州的"西北教育实验室"，从20世纪八九十年代起就在各个年级上万本作文的基础上归纳出的六个基本特征，即ideas and content、organization、voice、word choice、sentence fluency、conventions，后来又加上了presentation，从而确定了"6+1"原则。再如，Sara Cushing Weigle在《Assessing Writing》中，基于"即兴写作测试"的有限性而进行的"课堂写作评价"讨论，为外语教师利用个人教学经验来理解写作评价提供了可能。[①]

---

① 卢帅群.写作教学中写作能力评价研究［D］.西安：陕西师范大学，2015.

国内不少研究者与朱绍禹先生持同样看法：作文能力可分为语言表达力和逻辑思考力两个互相联结的方面，二者互为表里。其中，语言表达力是写作教学力图实现的基本目标。学生通过语言表达自己的思想感情，以语言为手段使自己的感知具体化。作文就是把思想脉络理清楚并使之连贯起来，以表达一个完整而集中的思想，由于语言和思考密切相关，因此写作能力同时关联这两个方面。吴其馥、谯伟认为，写作能力大致分为观察思维能力、文体的运用能力、文字表达能力以及处理好作者和读者主客观两方面关系的能力等几个方面。[①]林惠贞提出，中学生的作文能力主要包括：审题力、立意力、搜集材料、选材、谋篇布局、修改文章能力。[②]傅炳熙认为，写作能力是成功的写作所必需的心理特征，包含观察、思维、联想和想象、创造、表达、书写能力等基本要素。[③]章熊认为，写作能力的层次主要包括：确定中心、组织文章的结构、材料的典型化、语言的表述能力。

通过对一线教师的访谈和对专家学者的总结分析得出，大家普遍重视学生写字的工整程度。由于低年级学生骨骼发育还不完善，因此在培养过程中应更重视兴趣及行为态度的养成。随着身体的发展，低年级学生能将字连成一串有意义的字符，再逐步过渡到写作方法与思维的训练。

表3–17 不同性别小学语文教师对"写"的能力评价指标的重要程度认知差异表

项目	性别	N	均值	标准差	F	Sig.	t	Sig.（双侧）
写字的工整程度	男	228	4.42	0.701	10.677	0.001	−3.540	0.000
	女	962	4.59	0.638			−3.342	0.001
写字的速度	男	228	4.21	0.766	0.677	0.411	−3.007	0.003
	女	962	4.36	0.704			−2.855	0.005
对写作的热爱程度	男	228	4.35	0.738	3.257	0.071	−2.845	0.005
	女	962	4.49	0.675			−2.694	0.007

[①] 王世堪. 中学语文教学法［M］. 北京：高等教育出版社，2005：214.

[②] 阎立钦. 语文教育学引论［M］. 北京：高等教育出版社，1996：211.

[③] 陈菊先. 语文教育学［M］. 武汉：华中师范大学出版社，1994：292.

项目	性别	N	均值	标准差	F	Sig.	t	Sig.（双侧）
写作的技巧性	男	228	4.25	0.753	0.330	0.566	-3.010	0.003
	女	962	4.41	0.718			-2.921	0.004
写作的规范性	男	228	4.31	0.730	0.453	0.501	-2.455	0.014
	女	962	4.44	0.712			-2.417	0.016
作文的创新性	男	228	4.3	0.774	1.757	0.185	-2.593	0.010
	女	962	4.44	0.711			-2.459	0.014

由表3-17可见，就"写字的工整程度""写字的速度""对写作的热爱程度""写作的技巧性""写作的规范性""作文的创新性"这六个变量而言，收尾概率p值均小于0.05，表明不同性别小学语文教师认知差异显著。在"写字的工整程度"对评价语文学习的重要性程度上，女教师（均值=4.59）的认同度高于男教师（均值=4.42）。对于"写字的速度"对评价语文学习的重要性程度，女教师（均值=4.36）的认同度高于男教师（均值=4.21）。对于"写作的热爱程度"，女教师（均值=4.49）的认同度高于男教师（均值=4.35）。对于"写作的技巧性"，女教师（均值=4.41）的认同度高于男教师（均值=4.25）。对于"写作的规范性"，女教师（均值=4.44）的认同度高于男教师（均值=4.31）。对于"作文的创新性"，女教师（均值=4.44）的认同度高于男教师（均值=4.3）。

表3-18 城乡小学语文教师对"写"的能力评价指标的重要程度认知差异表

项目	地区	N	均值	标准差	F	Sig.	t	Sig.（双侧）
写字的工整程度	农村	736	4.51	0.684	24.156	0.000	-3.443	0.001
	城市	342	4.65	0.596			-3.620	0.000
写字的速度	农村	736	4.27	0.740	3.118	0.078	-4.119	0.000
	城市	342	4.47	0.666			-4.281	0.000
写作的热爱程度	农村	736	4.42	0.700	9.533	0.002	-3.136	0.002
	城市	342	4.56	0.650			-3.221	0.001
写作的技巧性	农村	736	4.35	0.732	1.272	0.260	-2.351	0.019
	城市	342	4.46	0.708			-2.379	0.018
写作的规范性	农村	736	4.38	0.731	2.760	0.097	-2.822	0.005
	城市	342	4.51	0.688			-2.886	0.004

项目	地区	N	均值	标准差	F	Sig.	t	Sig.（双侧）
作文的创新性	农村	736	4.36	0.737	6.177	0.013	−3.696	0.000
	城市	342	4.53	0.692			−3.782	0.000

由表3-18可见，"写字的工整程度""写字的速度""写作的热爱程度""写作的技巧性""写作的规范性""作文的创新性"这六个"写"的评价指标，收尾概率p值均小于0.05，表明城乡小学语文教师认知差异显著。

就"写字的工整程度"这个变量而言，城市任教教师的认同度（均值=4.65）高于农村任教教师（均值=4.51）。对于"写字的速度"，城市任教教师（均值=4.47）的认同度高于农村任教教师（均值=4.27）。对于"写作的热爱程度"，城市任教教师（均值=4.56）的认同度高于农村任教教师（均值=4.42）。对于"写作的技巧性"，城市任教教师（均值=4.46）的认同度高于农村任教教师（均值=4.35）。对于"写作的规范性"，城市任教教师（均值=4.51）的认同度高于农村任教教师（均值=4.38）。对于"作文的创新性"，城市任教教师（均值=4.53）的认同度高于农村任教教师（均值=4.36）。

表3-19 不同学历小学语文教师对"写"的能力评价指标的重要程度认知差异

项目	初中及以下（M ± SD）	高中（包括中专、职高）（M ± SD）	大专（M ± SD）	本科（M ± SD）	研究生（M ± SD）	F	显著性
写字的工整程度	4.33 ± 0.816	4.50 ± 0.782	4.48 ± 0.705	4.65 ± 0.570	4.22 ± 0.441	5.615	0.000
写字的速度	3.50 ± 1.049	4.26 ± 0.773	4.27 ± 0.753	4.43 ± 0.656	3.78 ± 0.667	7.282	0.000
写作的热爱程度	3.67 ± 0.816	4.35 ± 0.737	4.41 ± 0.728	4.54 ± 0.629	4.11 ± 0.601	5.730	0.000
写作的技巧性	4.00 ± 0.632	4.35 ± 0.766	4.35 ± 0.750	4.43 ± 0.691	3.78 ± 0.833	2.993	0.018
写作的规范性	4.00 ± 0.894	4.33 ± 0.790	4.38 ± 0.740	4.48 ± 0.673	4.00 ± 1.000	2.833	0.024
作文的创新性	4.00 ± 0.632	4.33 ± 0.818	4.34 ± 0.762	4.51 ± 0.656	4.00 ± 1.000	5.694	0.000
N（人）	6	46	585	544	9		

由表3–18可见，"写字的工整程度""写字的速度""写作的热爱程度""写作的技巧性""写作的规范性""作文的创新性"这六个"写"的评价指标，收尾概率p值均小于0.05，表明不同学历小学语文教师认知差异显著。

就"写字的工整程度"这个变量而言，大专学历教师与本科学历教师认知存在显著差异（$p=0.000<0.05$），本科学历教师的认同程度最高（均值=4.65），研究生学历教师认同程度最低（均值=4.22），不同学历小学语文教师认同程度都比较高。

对"写字的速度"，初中以下学历教师分别与高中（包括中专、职高）、本科、研究生学历教师认知存在显著差异、大专学历教师分别与本科、研究生学历教师认知存在显著差异、本科学历教师与研究生学历教师认知存在显著差异（$p=0.014<0.05$，$p=0.009<0.05$，$p=0.001<0.05$，$p=0.000<0.05$，$p=0.040<0.05$，$p=0.006<0.05$），本科学历教师的认同程度最高（均值=4.43），初中以下学历教师认同程度最低（均值=3.50）。

对"写作的热爱程度"，初中以下学历教师分别与高中（包括中专、职高）、本科、研究生学历教师认知存在显著差异、大专学历教师与本科学历教师认知存在显著差异（$p=0.022<0.05$，$p=0.008<0.05$，$p=0.002<0.05$，$p=0.001<0.05$），本科学历教师的认同程度最高（均值=4.54），初中以下学历教师认同程度最低（均值=3.67）。

对"写作的技巧性"，高中（包括中专、职高）学历教师与研究生学历教师认知存在显著差异、大专学历教师分别与本科、研究生学历教师认知存在显著差异、本科学历教师与研究生学历教师认知存在显著差异（$p=0.031<0.05$，$p=0.049<0.05$，$p=0.019<0.05$，$p=0.007<0.05$），本科学历教师的认同程度最高（均值=4.43），研究生学历教师认同程度最低（均值=3.78）。

对"写作的规范性"，大专学历教师与本科学历教师认知存在显著差异、本科学历教师与研究生学历教师认知存在显著差异（$p=0.021<0.05$，$p=0.048<0.05$），本科学历教师的认同程度最高（均值=4.48），初中以下学历教育与研究生学历教师认同程度最低（均值=4.00），不同学历小学语文教师认同程度都比较高。

对"作文的创新性",大专学历教师与本科学历教师认知存在显著差异、本科学历教师与研究生学历教师认知存在显著差异（$p=0.000<0.05$，$p=0.033<0.05$），本科学历教师的认同程度最高（均值=4.51），初中以下学历教育与研究生学历教师认同程度最低（均值=4.00），不同学历小学语文教师认同程度都比较高。

表3-20　不同教龄小学语文教师对"写"的能力评价指标的重要程度认知差异

项目	3年以下 （M±SD）	3～10年 （M±SD）	11～20年 （M±SD）	21年及以上 （M±SD）	F	显著性
写字的工整 程度	4.65±0.480	4.70±0.521	4.55±0.649	4.51±0.694	3.853	0.009
写字的速度	4.34±0.630	4.39±0.659	4.33±0.733	4.33±0.735	0.285	0.836
写作的热爱 程度	4.53±0.570	4.53±0.597	4.44±0.734	4.45±0.699	0.842	0.471
写作的 技巧性	4.51±0.592	4.43±0.698	4.35±0.759	4.37±0.732	1.239	0.294
写作的 规范性	4.61±0.601	4.47±0.645	4.39±0.746	4.39±0.727	2.765	0.041
作文的 创新性	4.60±0.562	4.51±0.634	4.39±0.774	4.38±0.732	3.152	0.024
N（人）	83	134	323	650		

由表3-20可见，"写字的工整程度""写作的规范性""作文的创新性"这三个评价指标，收尾概率p值均小于0.05，表明不同教龄小学语文教师认知差异显著，其余三个变量差异不显著。

就"写字的工整程度"这个变量而言，3～10年教龄教师与11～20年、21年及以上教龄教师存在显著差异（$p=0.028$，$0.002<0.05$），3～10年教龄教师的认同程度最高（均值=4.70），21年及以上教龄教师的认同程度最低（均值=4.51），不同教龄小学语文教师认同度都很高。就"写作的规范性"这个变量而言，3年以下教龄教师与11～20年、21年及以上教龄教师都存在显著差异（$p=0.012$，$0.007<0.05$），3年以下教龄教师的认同程度最高（均值=4.61）。就"作文的创新性"这个变量而言，3年以下教龄教师与11～20年、21年及以上

教龄教师存在显著差异（p=0.019，0.009＜0.05），3年以下教龄教师的认同程度最高（均值=4.60），21年及以上教龄教师的认同程度最低（均值=4.38）。

表3-21 不同职称小学语文教师对"写"的能力评价指标的重要程度认知差异表

项目	初级（二、三级）（M±SD）	中级（一级）（M±SD）	高级（高级、正高级）（M±SD）	未评定（M±SD）	F	显著性
写字的工整程度	4.48±0.715	4.56±0.649	4.58±0.611	4.67±0.531	3.438	0.016
写字的速度	4.27±0.757	4.36±0.711	4.36±0.710	4.37±0.660	1.394	0.243
写作的热爱程度	4.39±0.751	4.48±0.681	4.49±0.654	4.54±0.588	2.270	0.079
写作的技巧性	4.34±0.754	4.38±0.727	4.33±0.769	4.50±0.618	2.094	0.099
写作的规范性	4.36±0.765	4.42±0.709	4.36±0.710	4.57±0.615	3.509	0.015
作文的创新性	4.36±0.775	4.41±0.711	4.40±0.771	4.56±0.596	2.934	0.032
N（人）	369	526	126	169		

由表3-21可见，不同职称小学语文教师对"写"的能力评价中"写字的工整程度""写作的规范性""作文的创新性"这三个变量的收尾概率p值均小于0.05，表明不同职称小学语文教师认知差异显著。其余三个变量收尾概率p值均大于0.05，表明不同职称小学语文教师认知差异不显著。

就"写字的工整程度"这个评价指标而言，未评定职称教师与初级（二、三级）教师认知存在显著差异（p=0.002＜0.05）。未评定职称的教师的认同程度最高（均值=4.67），初级（二、三级）教师的认同程度最低（均值=4.48），不同职称小学语文教师认同度都高。就"写作的规范性"这个评价指标而言，未评定职称教师分别与初级（二、三级）教师、中级（一级）教师、高级（高级、正高级）教师认知存在显著差异（p=0.002，0.018，0.012＜0.05）。未评定职称的教师的认同程度最高（均值=4.57）。就"作文的创新性"这个评价指标而言，未评定职称教师与初级（二、三级）教师、中级（一级）教师认知存在显著差异（p=0.003，0.023<0.05）。未评定职称的教师的认同程度最高（均值=4.56），初级（二、三级）教师的认同程度最低（均值=4.36），不同职称小学语文教师认同度都高。

二、小学语文学习结果评价指标权重

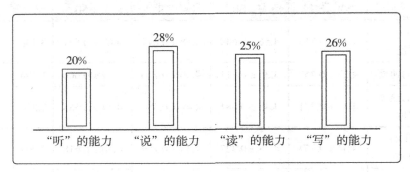

图3-6　小学语文学习评价各指标权重图

调查结果显示，小学语文教师认为，小学语文学习评价指标"听"的能力应该占20%的权重，"说"的能力占28%，"读"的能力占25%，"写"的能力占26%。这个调查结果，在很大程度上反映了小学语文教师希望扭转当前只重视读写的语文评价方式。

近年来，各地中小学在期末评价与考试改革方面也进行了很多研究和实践探索，一些新的评价改革理念已较为广泛地被中小学教师接受，并贯彻到评价改革实践中，获得了可贵的经验，其中一些成功的经验已经通过地方和学校的政策落实到教师的课堂评价实践中。

在上海市静安区，小学学业评价改革的基本方向是"重平时、轻考试，重学会、轻分数，重鼓励、减压力"。学生心目中的考试"分量"正变得越来越轻，行为习惯、学习态度等在评价中的比重却在不断提高。一种名为"合分制"的评价方法在延安中路小学等学校开始使用，在学生的期末总评分中，书面考试只占40%，其余60%取决于平时表现和实践活动表现，高分学生不再必然等于优秀学生。而在威海路第三小学，部分年级学生信息技术课和活动课的成绩等第不再由教师来评定，而是由同学和小组根据平时的观察与了解来决定。静安区的小学在学业评价改革实践中，弱化学生的横向比较，实行因人而异的评价标准，使考试成为激励每个学生主动发展、展示自我的舞台。静安区的小学普遍实施"发展性评价"策略，鼓励教师采取语言描述评价，代替单一、片面的分数评价，目的是淡化考试评价标准的唯一性，尝试"弹性考试"。在静安区中心小学，每个学生可以根据自己的能力和志趣，在不同学习阶段提出自己的学习目标，目标完成情况作为期末评优评先进的重要参考，不少成绩一般但进步迅速或个性鲜明的学生也登上了领奖台，成为学习的成功者。

河南省郑州市金水区教研室在其颁发的《对一年级学生语文学习评价的建议》中，建议语文教师在期末评价中依据课程标准，采用口试（如朗读课文、口语交际）、笔试（如看图抄写汉语拼音音节、选字填空）和观察（如观察读写姿势）相结合的方式，从多个方面定性与定量相结合地评价学生的成就和进步。浙江省杭州市余杭区的中小学在部分课程的测验与评价中采用自选强项评价方式，使学生在评价中有了选择的机会，改变了过去被动接受评价的状况，调动了学生的学习积极性。广东省深圳市南山区北京师范大学附属小学在英语期末学习评价中，十分注重评价结果的反馈。他们在报告单中先从学生的听、说、读、写几个方面说明学生取得的进步与成就，然后报告学生在态度情感与学习习惯方面的情况，接下来指出学生在学习中存在的问题与不足，最后对家长和学生分别提出具体的改进建议。[①]

上述做法对于消除我国中小学教育评价实践中长期存在的以考试分数论成败的狭隘课堂评价观，淡化学生在学习中的竞争，优化学生的学习环境，鼓励学生主动学习、合作学习，支持学生个性特长充分发挥等方面，起到了积极的作用。[②]

---

① 董奇. 新课程实施中教育评价改革的探索 [M]. 西安：陕西师范大学出版社，2003：21-23.
② 沈玉顺. 课堂评价 [M]. 北京：北京师范大学出版社，2006：6，185-186.

评价指标	平均分	比例
学业成绩	21.26	21%
学习方法的掌握	21.08	21%
情感态度价值观的养成	19	19%
学习习惯的养成	20.44	20%
学习的兴趣	18.22	18%

图3-7　小学语文学习结果评价各指标权重图

调查查案结果显示，小学语文教师认为，小学语文学习结果评价指标学业成绩应该占21%的权重，学习方法占21%，情感态度价值观的养成占19%，学习习惯的养成占20%，学习的兴趣占18%。这一调查结果，在很大程度上反映了小学语文教师希望扭转当前只重视学业成绩的语文评价导向。

1. 关于学业成绩

当前在应试教育的推动下，教师、家长和学生还是普遍关注对学业成绩的评价，主要是通过班级测验、期中、期末考试等，以试卷的形式对学生进行的测评。评价工具多半是由教师或学校直接拿现成的试卷来用，没有根据自己学校、区域，以及学生的特点等进行有针对性的试卷编制。此外，在调查中发现教师由于缺乏对评价工具与方法等方面的培训，对工具的编制以及方法和指标缺乏专业性。

2. 关于学习方法的掌握当前没有相关的工具和指标

调查中刘小妹老师提道："方法是拿来用的，如果学生连怎么用都不懂，那认识再多方法也是没有用的。认识和使用是不一样的，认识只是学生知道，真正落实到位的是使用。"此外，她提出这种能力或方法的培养分为三种渠道：一是直接告诉学生方法，因为一些规则和规范是没办法引导的；二是可以通过提示关键词、强调、追问等方法；三是实践探索，通过实践将外在的自身体验转化为内在的方式方法，从而提高学生能力和方法的使用。学者薛炳群在《小学语文有效教学评价》中提到，应着重于学生的探究精神和创新意识，尤其要尊重和保护学生学习的自主性和积极性，鼓励学生运用多种方法，从不同的角度，进行多样化的探究。这种探究，既有学生个体的独立钻研，也有学生群体的讨论切磋，所以除了教师的评价之外，要多让学生开展自我评价和相互评价。评价的着眼点主要有：①在活动中的合作态度和参与程度；②能否在活动中主动地发现问题和探索问题；③能否积极地为解决问题去搜集信息和整理资料；④能否根据占有的课内外材料，形成自己的假设或观点；⑤语文知识和能力综合运用的表现；⑥学习成果的展示与交流。①

3. 关于情感态度价值观的养成

当前，我国几乎没有关于情感态度价值观养成的指标和工具。调查中，王先云老师提到，当前教师普遍把古诗文清楚讲透，但古诗文恰恰不能这么教。教师应该让学生自己通过图片领悟、体会，学会自我感知，课程目标的三个维度（包括知识、技能、习惯、情操等）都应当包含在内。与此相适应的评价原则是：考试和考查并举、量化和模糊平衡、定性和定量结合、成绩和成果并列、过程和结果并论、自评与他评统一。因为任何学科的考试分数都仅仅是学生学科能力的近似反映，所以"等级式评价"是我们的必然选择；因为语文是实践的，所以对语文能力的最理想考查方式不是考试，而是实践考查；因为人文素养是不可考试的，所以由考试向考查的倾斜是我们的必然选择。提倡采用成长记录的方式，收集能够反映学生语文学习过程和结果的代表性事实资料来评价学生；实施教师的评价、学生的自我评价与学生间互相评价相结合。

4. 关于学习习惯的养成

学习习惯的养成是一个需要长期持续的过程，教师要坚持抓，并在学生出现好的学习习惯或取得进步时给学生一定的鼓励，联合家长给予学生明确的反馈和评价，可以树立一个学习习惯的典范让学生学习。对于低年级学生来讲，最重要的就在于行为习惯的训练与养成，好的行为习惯是基础，同样也是学生得以继续向上发展的前提和标准。好的行为习惯的养成也是衡量学生学习积极

---

① 薛炳群.小学语文有效教学评价［M］.济南：齐鲁书社，2007：47-48.

性和主动性的内在尺码，学习成绩只是评价学生学习的一个方面，而习惯的养成很大一部分也有益于成绩的提高。因此，刘小妹老师建议，学习习惯的培养需要长期的、反复的训练和强调，并且通过各科教师、家长以及学校规章制度的相互监督与配合，还要结合展示与模仿等方式激励学生良好行为习惯的养成。

5. 关于学习兴趣

从目前的调查结果可以看出，多数教师较少关注学生学习兴趣对学生学习的影响。当前学校教育对激发学生学习兴趣不但无甚帮助，甚至还可能扮演了"扼杀者"的角色。身处一线的教育工作者对实践经验的反思告诉我们，教师在教学中存在着许多不利于激发学生学习兴趣的行为。教师在教学中的呆板木讷令课堂死气沉沉，言辞犀利令学生望而生畏，高高在上令学生无问题可问、敢问，垄断一切令学生被动、依赖，直入主题令学生茫然无措，满灌讲授而无参与令学生叫苦不堪。[①]因此，培养学生的学习兴趣应真正地从学生的生活经验、学生的个性特征、学生心理构建等角度出发，培养学生学习兴趣，最终使学生自己成为自己兴趣发展的主体、掌控者、激发者和调节者。

一级指标	二级指标	平均分	比例
听的能力	听的接收能力	24.53	25%
	听的理解能力	26.74	27%
	听的复述能力	24.09	24%
	听的转化能力	24.63	25%
说的能力	表达的意愿	23.44	23%
	表达清晰度	22.01	22%
	表达流畅度	21.65	22%
	表达的逻辑性	17.92	18%
	表达的贴切性	14.98	15%

① 涂阳军. 论学习兴趣的养成：对西方近二十年来学习兴趣研究的反思 [J]. 江苏高教，2013（1）：38-40.

一级指标	二级指标	平均分	比例
读的能力	阅读的兴趣	21.85	22%
	阅读的速度	19.49	19%
	阅读的广度	18.91	19%
	阅读理解的准确性	19.6	20%
	识字量	20.15	20%
写的能力	写字的工整程度	20.57	21%
	写字的速度	19.4	19%
	对写作的热爱程度	15.88	16%
	写作的技巧性	15.83	16%
	写作的规范性	16.42	16%
	作文的创新性	11.91	12%

图3-8 小学语文学习评价各二级指标权重图

调查结果显示，小学语文教师认为，小学语文听的能力评价指标中听的接收能力占25%的权重，听的理解能力占27%，听的复述能力占24%，听的转化能力占25%。这个调查结果在很大程度上反映了小学语文教师希望扭转当前只重视听的转化能力的评价导向。由于当前评价方式以考试、测验为主，高度重视标准化考试，以分数为主要呈现形式，强调考试的甄别和选拔功能，导致教师更注重于听的转化能力的评价，即转化到说、读、写上。邓之富老师认为，关于听的能力评价更重要在于能听懂，不仅要听懂别人在说什么，还要听得出弦外之音。学生要对所听的内容有所理解、评价，并能做出决定和提出意见。专家陈新同样认为"听话能力"指在口语交际中善于倾听并准确理解、评判对方说话内容和意图的一种重要能力。

关于小学语文说的能力评价指标，表达的意愿占23%的权重，表达清晰度占22%，表达流畅度占22%，表达的逻辑性占18%，表达的贴切性占15%。在很大程度上反映了小学语文教师希望扭转当前只重视表达的逻辑性和表达与流畅度的评价导向。

关于小学语文读的能力评价指标，阅读的兴趣占22%的权重，阅读的速度占19%，阅读的广度占19%，阅读理解的准确性占20%，识字量占20%。这一结果反映出小学语文教师希望扭转当前只重识字量而忽视对学生阅读兴趣的培养的评价导向。识字量是学生阅读的基础，小学语文新课程标准（最新修订版）明确规定第三学段（5-6年级）课外阅读总量不少于100万字，因此教师教学普遍把重心放在了学生识字量的多少上。

关于小学语文写的能力评价指标，写字的工整程度占21%的权重，写字的速度占19%，对写作的热爱程度占16%，写作的技巧性占16%，写作的规范性占16%，作文的创新性占12%。这一调查结果反映出小学语文教师希望扭转当前评价指标只重写字速度的局面。

第二节 学习态度评价

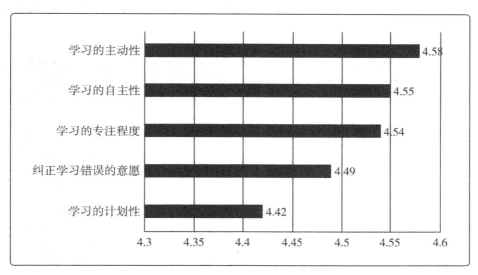

图3-9 小学语文教师对"学习态度"评价指标认知对比图

如图3-9所示，小学语文教师认为"学习态度"的各个指标按照重要性程度由高到低依次是学习的主动性、学习的自主性、学习的专注程度、纠正学习错误的意愿、学习的计划性。调查结果表明，小学语文教师认为学习的主动性是语文"学习态度"的最重要评价维度。原因在于低年级学生对外界事物充满好奇心，此时的学生积极性也是最高的，因此，在学生愿意主动表达的时候不要打击他，尽可能去鼓励、激励他去想、去做。如果有不主动的情况出现，往往是由于学生本身不会、没办法解决。对于主动性稍弱的学生，教师要给予学生一定的关注，采用适当的激励评价方法；也可以通过同伴之间进行帮扶，从而培养学生的自主性，这对学生进入高年级的学习也是有帮助的。

许多心理学家把学习态度看作是一个居于核心地位的非智力因素，它调节个体的学习行为，并直接影响学习的效果和效率，李小平，郭江澜，刘春霞（2002）[①]也认为学习态度是影响学生学习效果的一个重要因素。此研究采用自编的《小学生语文学习态度量表》为测量工具。该量表共分三个维度，即认知、情感和意向，分别考察小学生对语文学习目的和意义的认识、对语文学习所抱有的情感体验和对语文学习投入意愿的大小。研究表明，影响语文学习效果最主要的因素不是认知，而是情感和意向。所以要让学生真正形成一种能够促进语文学习行为的积极的学习态度，关键在于让他们产生对语文学习的愉悦体验和强烈的投入意愿。

表3-22　不同性别小学语文教师对"学习态度"评价指标重要程度认知差异表

项目	性别	N	均值	标准差	F	Sig.	t	Sig.（双侧）
学习的主动性	男	228	4.49	0.712	8.970	0.003	−2.158	0.031
	女	962	4.60	0.643			−2.027	0.043
学习的自主性	男	228	4.45	0.698	5.163	0.023	−2.438	0.015
	女	962	4.57	0.661			−2.358	0.019
学习的计划性	男	228	4.29	0.777	6.934	0.009	−3.100	0.002
	女	962	4.45	0.697			−2.899	0.004
学习的专注程度	男	228	4.43	0.715	6.871	0.009	−2.541	0.011
	女	962	4.56	0.663			−2.427	0.016
纠正学习错误的意愿	男	228	4.37	0.731	1.482	0.224	−2.755	0.006
	女	962	4.51	0.691			−2.660	0.008

由表3-22可见，就"学习的主动性""学习的自主性""学习的计划性""学习的专注程度""纠正学习错误的意愿"这五个变量而言，收尾概率p值均小于0.05，表明不同性别小学语文教师认知差异显著。在"学习的主动性"对评价语文学习的重要性程度上，女教师（均值=4.60）的认同度高于

[①] 李小平，郭江澜，刘春霞. 小学生语文学习态度研究［J］. 教育学术月刊，2002（9）：38-40.

男教师（均值=4.49）。对于"学习的自主性"的重要性程度，女教师（均值=4.57）的认同度高于男教师（均值=4.45）。对于"学习的计划性"指标的重要性程度，女教师（均值=4.45）的认同度高于男教师（均值=4.29）。对于"学习的专注程度"这一指标，女教师（均值=4.56）的认同度高于男教师（均值=4.43）。对于"写作的规范性"，女教师（均值=4.44）的认同度高于男教师（均值=4.31）。对于"纠正学习错误的意愿"，女教师（均值=4.51）的认同度高于男教师（均值=4.37）。

表3-23　城乡小学语文教师对"学习态度"评价指标重要程度认知差异表

项目	地区	N	均值	标准差	F	Sig.	t	Sig.（双侧）
学习的主动性	农村	736	4.52	0.688	29.738	0.000	−3.783	0.000
	城市	342	4.68	0.599			−3.979	0.000
学习的自主性	农村	736	4.49	0.694	26.340	0.000	−3.818	0.000
	城市	342	4.66	0.615			−3.990	0.000
学习的计划性	农村	736	4.34	0.728	11.819	0.001	−5.107	0.000
	城市	342	4.58	0.662			−5.288	0.000
学习的专注程度	农村	736	4.47	0.703	31.623	0.000	−4.282	0.000
	城市	342	4.66	0.610			−4.508	0.000
纠正学习错误的意愿	农村	736	4.41	0.723	16.606	0.000	−4.322	0.000
	城市	342	4.61	0.648			−4.498	0.000

由表3-23可见，"学习的主动性""学习的自主性""学习的计划性""学习的专注程度""纠正学习错误的意愿"这五个"学习态度"评价指标，收尾概率p值均小于0.05，表明城乡小学语文教师认知差异显著。

就"学习的主动性"这个变量而言，城市任教教师的认同度（均值=4.68）高于农村任教教师（均值=4.52）。对于"学习的自主性"，城市任教教师（均值=4.66）的认同度高于农村任教教师（均值=4.49）。对于"学习的计划性"，城市任教教师（均值=4.58）的认同度高于农村任教教师（均值=4.34）。对于"学习的专注程度"，城市任教教师（均值=4.66）的认同度高于农村任教教师（均值=4.47）。对于"纠正学习错误的意愿"，城市任教教师（均值=4.61）的认同度高于农村任教教师（均值=4.41）。

表3-24　不同学历小学语文教师对"学习态度"评价指标重要程度认知差异表

项目	初中及以下（M±SD）	高中（包括中专、职高）（M±SD）	大专（M±SD）	本科（M±SD）	研究生（M±SD）	F	显著性
学习的主动性	3.67±1.033	4.43±0.807	4.50±0.707	4.67±0.559	4.56±0.726	8.396	0.000
学习的自主性	4.17±0.753	4.43±0.807	4.47±0.716	4.64±0.590	4.67±0.500	5.630	0.000
学习的计划性	3.67±0.816	4.33±0.818	4.34±0.739	4.53±0.656	4.33±1.000	7.013	0.000
学习的专注程度	3.50±1.049	4.35±0.737	4.46±0.716	4.64±0.596	4.56±0.527	9.727	0.000
纠正学习错误的意愿	4.00±0.894	4.39±0.745	4.40±0.752	4.60±0.620	4.67±0.500	6.929	0.000
N（人）	6	46	585	544	9		

由表3-24可见，"学习的主动性""学习的自主性""学习的计划性""学习的专注程度""纠正学习错误的意愿"这五个"学习态度评价"指标，收尾概率p值均小于0.05，表明不同学历小学语文教师认知差异显著。

就"学习的主动性"这个变量而言，初中以下学历教师分别与高中（包括中专、职高）、大专、本科、研究生学历教师认知存在显著差异、高中（包括中专、职高）学历教师与本科学历教师认知存在显著差异、大专学历教师与本科学历教师认知存在显著差异（$p=0.007<0.05$，$p=0.002<0.05$，$p=0.000<0.05$，$p=0.010<0.05$，$p=0.016<0.05$，$p=0.000<0.05$），本科学历教师的认同程度最高（均值=4.67），初中以下学历教师认同程度最低（均值=3.67）。

就"学习的自主性"，高中（包括中专、职高）学历教师与本科学历教师认知存在显著差异、大专学历教师与本科学历教师认知存在显著差异（$p=0.041<0.05$，$p=0.000<0.05$），研究生学历教师的认同程度最高（均值=4.67），初中以下学历教师认同程度最低（均值=4.17），不同学历小学语文教师认同程度都比较高。

对"学习的计划性"，初中以下学历教师分别与高中（包括中专、职高）、大专、本科学历教师认知存在显著差异、大专学历教师与本科学历教师存在显著差异（$p=0.032<0.05$，$p=0.021<0.05$，$p=0.003<0.05$，$p=0.000<0.05$），本科学历教师的认同程度最高（均值=4.53），初中以下学历教师认同程度最低（均值=3.67），不同学历小学语文教师认同程度都比较高。

对"学习的专注程度"，初中以下学历教师分别与高中（包括中专、职高）、大专、本科、研究生学历教师认知存在显著差异、高中（包括中专、职高）学历教师与本科学历教师认知存在显著差异、大专学历教师与本科学历教师认知存在显著差异（$p=0.003<0.05$，$p=0.000<0.05$，$p=0.000<0.05$，$p=0.003<0.05$，$p=0.004<0.05$，$p=0.000<0.05$），本科学历教师的认同程度最高（均值=4.64），初中以下学历教师认同程度最低（均值=3.50），不同学历小学语文教师认同程度都比较高。

对"纠正学习错误的意愿"，初中以下学历教师与本科学历教师认知存在显著差异、大专学历教师与本科学历教师认知存在显著差异（$p=0.037<0.05$，$p=0.000<0.05$），研究生学历教师的认同程度最高（均值=4.67），初中以下学历教师认同程度最低（均值=4.00），不同学历小学语文教师认同程度都比较高。

表3-25　不同教龄小学语文教师对"学习态度"评价指标重要程度认知差异表

项目	3年以下（M±SD）	3~10年（M±SD）	11~20年（M±SD）	21年及以上（M±SD）	F	显著性
学习的主动性	4.75±0.464	4.68±0.543	4.60±0.639	4.52±0.702	4.730	0.003
学习的自主性	4.73±0.471	4.68±0.529	4.56±0.673	4.49±0.707	5.369	0.001
学习的计划性	4.58±0.566	4.51±0.646	4.47±0.715	4.36±0.740	4.200	0.006
学习的专注程度	4.67±0.497	4.63±0.582	4.55±0.664	4.49±0.714	3.158	0.024
纠正学习错误的意愿	4.70±0.487	4.60±0.627	4.51±0.684	4.42±0.737	5.573	0.001
N（人）	83	134	323	650		

由表3-25可见，"学习的主动性""学习的自主性""学习的计划性""学习的专注程度""纠正学习错误的意愿"这五个"学习态度评价"指标，收尾概率p值均小于0.05，表明不同教龄小学语文教师认知差异显著。

　　就"学习的主动性"这个变量而言，3年以下、3～10年教龄教师分别与21年及以上教龄教师认知存在显著差异（$p=0.003<0.05$，$p=0.011<0.05$），3年以下教龄教师的认同程度最高（均值=4.75），21年及以上教龄教师的认同程度最低（均值=4.52），不同教龄小学语文教师认同度都很高。就"学习的自主性"这个变量而言，3年以下教龄教师与11～20年、21年及以上教龄教师认知都存在显著差异（$p=0.030$，$0.002<0.05$），3～10年教龄教师与21年及以上教龄教师都存在显著差异（$p=0.030$，$0.002<0.05$），3～10年教龄教师的认同程度最高（均值=4.73），21年及以上教龄教师的认同程度最低（均值=4.49），不同教龄小学语文教师认同度都很高。就"学习的计划性"这个变量而言，3年以下、3～10年、11～20年教龄教师分别与21年及以上教龄教师认知存在显著差异（$p=0.008$，0.028，$0.021<0.05$），3年以下教龄教师的认同程度最高（均值=4.58），21年及以上教龄教师的认同程度最低（均值=4.36）。就"学习的专注程度"这个变量而言，3年以下、3～10年教龄教师分别与21年及以上教龄教师认知存在显著差异（$p=0.019$，$0.025<0.05$），3年以下教龄教师的认同程度最高（均值=4.67），21年及以上教龄教师的认同程度最低（均值=4.49）。就"纠正学习错误的意愿"这个变量而言，3年以下教龄教师与11～20年、21年及以上教龄教师认知存在显著差异（$p=0.031$，$0.001<0.05$），3～10年与21年及以上教师认知存在显著差异（$p=0.009<0.05$）。教龄3年以下教龄教师的认同程度最高（均值=4.70），21年及以上教龄教师的认同程度最低（均值=4.42）。

表3-26　不同职称小学语文教师对"学习态度"评价指标重要程度认知差异表

项目	初级（二、三级）（M±SD）	中级（一级）（M±SD）	高级（高级、正高级）（M±SD）	未评定（M±SD）	F	显著性
学习的主动性	4.54 ± 0.726	4.56 ± 0.653	4.61 ± 0.619	4.70 ± 0.521	2.693	0.045
学习的自主性	4.54 ± 0.706	4.51 ± 0.689	4.59 ± 0.610	4.66 ± 0.544	2.409	0.066
学习的计划性	4.39 ± 0.751	4.41 ± 0.706	4.38 ± 0.768	4.54 ± 0.607	1.898	0.128

续 表

项目	初级 （二、三级） （M±SD）	中级 （一级） （M±SD）	高级 （高级、正高级） （M±SD）	未评定 （M±SD）	F	显著性
学习的专注程度	4.50±0.719	4.52±0.678	4.59±0.648	4.63±0.575	1.686	0.168
纠正学习错误的意愿	4.46±0.722	4.46±0.731	4.50±0.629	4.63±0.584	2.992	0.030
N（人）	369	526	126	169		

由表3-26可见，不同职称小学语文教师对"学习态度"的能力评价中"学习的主动性""纠正学习错误的意愿"这两个变量的收尾概率p值均小于0.05，表明不同职称小学语文教师认知差异显著。其余三个变量收尾概率p值均大于0.05，表明不同职称小学语文教师认知差异不显著。

就"学习的主动性"这个评价指标而言，未评定职称教师与初级（二、三级）教师、中级（一级）教师认知存在显著差异（$p=0.008$，0.014<0.05）。未评定职称的教师的认同程度最高（均值=4.70），初级（二、三级）教师的认同程度最低（均值=4.54），不同职称小学语文教师认同度都高。就"纠正学习错误的意愿"这个评价指标而言，未评定职称教师分别与初级（二、三级）教师、中级（一级）教师认知存在显著差异（$p=0.008$，0.004<0.05）。未评定职称的教师的认同程度最高（均值=4.63）。

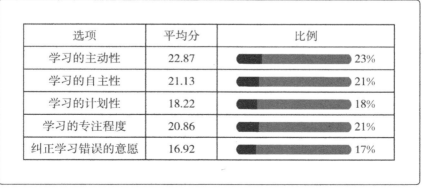

选项	平均分	比例
学习的主动性	22.87	23%
学习的自主性	21.13	21%
学习的计划性	18.22	18%
学习的专注程度	20.86	21%
纠正学习错误的意愿	16.92	17%

图3-10 小学语文学习态度各指标权重图

　　由上图可知，小学语文教师认为，在小学生语文学习态度评价指标中，学习的主动性所占权重为23%，学习的自主性占21%，学习的计划性占18%，学习的专注程度占21%，纠正学习错误的意愿占17%。这一结果反映出小学语文教师希望扭转当前只重视学习的自主性和专注程度的评价导向。在传统的主动性实践评价体系中，教师往往是通过实验报告的方式对学生的实验效果进行评判，难以考查学生个体在实验过程中的创造性、主观能动性及其对实验团队的具体贡献。因此应在合理增加实践课程的评价主体和评价内容基础上，还须要在具体的实验教学中根据实验课程内容的不同，详细制定老师评价和学生互评、自评在评价中所占的比例和各评价内容在评分体系中的比重，只有这样才能使多元化评价体系的激励作用得到充分发挥。相对于其他指标，学生学习的计划性和学生纠正学习错误的意愿所占权重相对较小，这是由于低年级学生的逻辑思维还没有达到一定的水平，不具备自主思考和解决问题的能力，因此对事物的进程与安排缺乏计划性。此外，由于低年级学生还处在习惯的养成阶段，因此难免会出现对纠错淡薄与漠视的态度。

第三节 学习能力评价

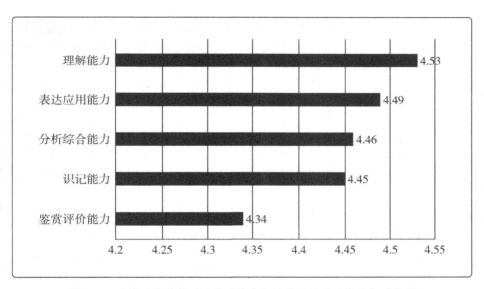

图3-11 小学语文教师对"学习能力"评价的重要程度认知对比图

如图3-11所示，小学语文教师认为"学习能力"的各个能力指标对评价语文学习的重要性程度由高到低依次是理解能力、表达应用能力、分析综合能力、识记能力、鉴赏评价能力。调查结果表明，小学语文教师认为理解能力是语文"学习能力"的最重要评价维度。

小学语文教师对鉴赏评价的能力不怎么重视，原因在于各种不同形式的考试使得评价更针对学生知识层面的理解，低年级学生最突出的问题在于不理解老师在说什么。此外，理解能力也是通过课堂评价和反馈最容易显现的，有评价的标准、工具和方法，教师更易于评价。对于鉴赏能力，刘小妹老师在接受访谈中表达了自己的观点，认为鉴赏能力并非不重要，而是相对其他指标而言显得不重要，它恰恰需要从低年级开始慢慢培养。教师普遍重视学生鉴赏能力主要原因在于：第一，相对来说审美能力没有统一的硬性要求、考核、标准和工具等，教师无法评；第二，由于每个人对美的感知和定义不一致，导致教师不懂如何评价，将评价仅停留在对与错、是非善恶上；第三，低年级学生鉴赏能力不够。因此学生一定是先理解和感知事物之后，才能进一步的提高鉴赏能力。语文需要鉴赏能力，需要教师的引导，并且要从低年级进行熏陶和培养。

表3-27　不同性别小学语文教师对"学习能力"评价指标的重要程度认知差异表

项目	性别	N	均值	标准差	F	Sig.	t	Sig.（双侧）
识记能力	男	228	4.33	0.705	0.638	0.424	−2.939	0.003
	女	962	4.48	0.684			−2.887	0.004
理解能力	男	228	4.48	0.686	3.313	0.069	−1.218	0.223
	女	962	4.54	0.652			−1.181	0.239
分析综合能力	男	228	4.42	0.750	3.525	0.061	−1.019	0.308
	女	962	4.47	0.695			−0.972	0.332
鉴赏评价能力	男	228	4.24	0.738	0.132	0.716	−2.249	0.025
	女	962	4.36	0.709			−2.194	0.029
表达应用能力	男	228	4.42	0.695	0.928	0.336	−1.673	0.095
	女	962	4.51	0.680			−1.651	0.100

由表3-27可见，就评价语文学习"学习能力"的重要评价指标是"理解能力""分析综合能力""表达应用能力"这三个变量而言，收尾概率p值均大于0.05，未达到显著水平，表明不同性别小学语文教师认知差异不显著。

就"识记能力""鉴赏评价能力"这两个变量而言，收尾概率p值均小于0.05，表明不同性别小学语文教师认知差异显著。在识记能力对评价语文学习的重要性程度上，女教师（均值=4.48）的认同度高于男教师（均值=4.33）。对鉴赏评价能力对评价语文学习的重要性程度，女教师（均值=4.36）的认同度高于男教师（均值=4.24）。

表3-28 城乡小学语文教师对"学习能力"评价指标的重要程度认知差异表

		N	均值	标准差	F	Sig.	t	Sig.（双侧）
识记能力	农村	736	4.39	0.711	9.881	0.002	-3.762	0.000
	城市	342	4.56	0.646			-3.896	0.000
理解能力	农村	736	4.48	0.684	20.189	0.000	-3.284	0.001
	城市	342	4.63	0.608			-3.428	0.001
分析综合能力	农村	736	4.40	0.725	15.764	0.000	-4.200	0.000
	城市	342	4.59	0.646			-4.380	0.000
鉴赏评价能力	农村	736	4.26	0.726	2.772	0.096	-5.180	0.000
	城市	342	4.50	0.658			-5.372	0.000
表达应用能力	农村	736	4.42	0.709	23.948	0.000	-4.356	0.000
	城市	342	4.62	0.619			-4.576	0.000

由表3-28可见，就"识记能力""理解能力""分析综合能力""鉴赏评价能力""表达应用能力"这五个"学习能力"的评价指标，收尾概率p值均小于0.05，表明城乡小学语文教师认知差异显著。

就"识记能力"这个变量而言，城市任教教师的认同度（均值=4.56）高于农村任教教师（均值=4.39）。对于"理解能力"，城市任教教师（均值=4.63）的认同度高于农村任教教师（均值=4.48）。对于"分析综合能力"，城市任教教师（均值=4.59）的认同度高于农村任教教师（均值=4.40）。对于"鉴赏评价能力"，城市任教教师（均值=4.50）的认同度高于农村任教教师（均值=4.26）。对于"表达应用能力"，城市任教教师（均值=4.62）的认同度高于农村任教教师（均值=4.42）。

表3-29 不同学历小学语文教师对"学习能力"评价指标的重要程度认知差异表

项目	初中及以下（M±SD）	高中（包括中专、职高）（M±SD）	大专（M±SD）	本科（M±SD）	研究生（M±SD）	F	显著性
识记能力	3.67±0.816	4.28±0.779	4.38±0.729	4.56±0.619	4.22±0.667	7.655	0.000
理解能力	4.00±0.632	4.46±0.721	4.46±0.709	4.62±0.586	4.56±0.527	5.254	0.000

项目	初中及以下	高中（包括中专、职高）	大专	本科	研究生	F	显著性
	（M±SD）	（M±SD）	（M±SD）	（M±SD）	（M±SD）		
分析综合能力	3.67±1.033	4.41±0.777	4.38±0.749	4.57±0.627	4.44±0.726	7.581	0.000
鉴赏评价能力	3.83±0.753	4.17±0.677	4.25±0.753	4.45±0.660	4.22±0.667	7.243	0.000
表达应用能力	4.00±0.894	4.30±0.756	4.42±0.727	4.58±0.613	4.56±0.527	5.745	0.000
N（人）	6	46	585	544	9		

由表3-29可见，"识记能力""理解能力""分析综合能力""鉴赏评价能力""表达应用能力"这五个"学习能力评价"指标，收尾概率p值均小于0.05，表明不同学历小学语文教师认知差异显著。

就"识记能力"这个变量而言，初中以下学历教师分别与高中（包括中专、职高）、大专、本科学历教师认知存在显著差异、高中（包括中专、职高）学历教师与本科学历教师认知存在显著差异、大专学历教师与本科学历教师认知存在显著差异（$p=0.007<0.05$，$p=0.038<0.05$，$p=0.011<0.05$，$p=0.002<0.05$，$p=0.009<0.05$，$p=0.000<0.05$），本科学历教师的认同程度最高（均值=4.56），初中以下学历教师认同程度最低（均值=3.67）。

对"理解能力"，初中以下学历与本科学历教师认知存在显著差异、大专学历教师与本科学历教师认知存在显著差异（$p=0.022<0.05$，$p=0.000<0.05$），本科学历教师的认同程度最高（均值=4.62），初中以下学历教师认同程度最低（均值=4.00），不同学历小学语文教师认同程度都比较高。

对"分析综合能力"，初中以下学历教师分别与高中（包括中专、职高）、大专、本科、研究生学历教师认知存在显著差异、高中（包括中专、职高）学历教师与本科学历教师认知存在显著差异、大专学历教师与本科学历教师认知存在显著差异（$p=0.014<0.05$，$p=0.013<0.05$，$p=0.002<0.05$，$p=0.035<0.05$，$p=0.000<0.05$），本科学历教师的认同程度最高（均值=4.57），初中

以下学历教师认同程度最低（均值=3.67）。

对"鉴赏评价能力"，初中以下学历教师与本科学历教师认知存在显著差异、高中（包括中专、职高）学历教师与本科学历教师认知存在显著差异、大专学历教师与本科学历教师认知存在显著差异（$p=0.034<0.05$，$p=0.011<0.05$，$p=0.000<0.05$），本科学历教师的认同程度最高（均值=4.45），初中以下学历教师认同程度最低（均值=3.83），不同学历小学语文教师认同程度都比较高。

对"表达应用能力"，初中以下学历教师与本科学历教师认知存在显著差异、高中（包括中专、职高）学历教师与本科学历教师认知存在显著差异、大专学历教师与本科学历教师认知存在显著差异（$p=0.037<0.05$，$p=0.008<0.05$，$p=0.000<0.05$），本科学历教师的认同程度最高（均值=4.58），初中以下学历教师认同程度最低（均值=4.00），不同学历小学语文教师认同程度都比较高。

表3-30 不同教龄小学语文教师对"学习能力"评价指标的重要程度认知差异表

项目	3年以下 （M±SD）	3~10年 （M±SD）	11~20年 （M±SD）	21年及以上 （M±SD）	F	显著性
识记能力	4.59±0.564	4.52±0.634	4.46±0.678	4.42±0.720	2.001	0.112
理解能力	4.70±0.487	4.59±0.578	4.53±0.656	4.50±0.692	2.791	0.039
分析综合能力	4.64±0.508	4.47±0.657	4.49±0.680	4.43±0.746	2.502	0.058
鉴赏评价能力	4.55±0.569	4.38±0.669	4.39±0.707	4.27±0.740	5.038	0.002
表达应用能力	4.66±0.501	4.54±0.633	4.51±0.670	4.44±0.716	3.083	0.027
N（人）	83	134	323	650		

由表3-30可见，"理解能力""鉴赏评价能力""表达应用能力"这三个"学习能力评价"指标，收尾概率p值均小于0.05，表明不同教龄小学语文教师认知差异显著。

就"理解能力"这个变量而言，3年以下、11~20年教龄教师分别与21年及以上教龄教师认知存在显著差异（$p=0.040<0.05$，$p=0.008<0.05$），3年以下教龄教师的认同程度最高（均值=4.70），21年及以上教龄教师的认同程度最

低（均值=4.50），不同教龄小学语文教师认同度都很高。就"鉴赏评价能力"这个变量而言，3年以下、11～20年教龄教师分别与21年及以上教龄教师认知都存在显著差异（$p=0.030$，$0.002<0.05$），3～10年教龄教师的认同程度最高（均值=4.55），21年及以上教龄教师的认同程度最低（均值=4.27）。就"表达应用能力"这个变量而言，3年以下与21年及以上教龄教师认知存在显著差异（$p=0.006<0.05$），3年以下教龄教师的认同程度最高（均值=4.66），21年及以上教龄教师的认同程度最低（均值=4.44）。

评价指标	平均分	比例
识记能力	20.95	21%
理解能力	21.59	22%
分析综合能力	19.78	20%
鉴赏评价能力	17.31	17%
表达应用能力	20.36	20%

图3-12　小学语文学习能力各指标权重图

如图3-12所示，关于小学语文学习能力评价指标所占权重按从大到小依次是，理解能力为21.5%，识记能力所为20.9%，表达应用能力为20.3%，分析综合能力为19.7%，鉴赏评价能力为17.3%。这个调查结果，在很大程度上反映了小学语文教师希望扭转当前只重视学生识记能力的语文评价导向。

当前，由于受应试教育的影响，教师在实际教学中更重视学生识记能力，然而我国新课程改革积极倡导自主、合作、探究的学习方式，强调专题研究、综合性学习。我国香港课程更明确以能力为主导，其能力要求可概括为三维体系：学习能力、共通能力和语文能力。此外，新加坡的华文课程也倡导通过专题练习等，培养学生的探索、创新等能力。关于小学生语文学习能力评价，教师普遍认为理解能力是最重要的评价指标，相对来说，鉴赏能力的评价所占比例较小。各种不同形式的考试，使得评价更针对学生识记能力，低年级学生最突出的问题在于不理解、不清楚老师在说什么。学生接收不到正确的指令，就不可避免地出现种种错误。对鉴赏评价的能力的忽视也是亟待解决的问题，调查发现鉴赏能力并非不重要，而是相对其他指标而言不太重要，关于鉴赏能力的评价也没有相应的指标和工具，教师也不知道如何去评价，这就导致此评价指标所占比重相对较小，然而在访谈中，我们发现恰恰许多教师认为鉴赏能力是需要从低年级慢慢培养的。一些学者指出：在培养学生理解能力的同时，要使其掌握带有生字新词或难懂的词语，以及含义深刻的词语等，还要联系一定的语境和上下文明细事物或问题本身，继而通过想象、画面分析和练习加深对事物的理解和应用，尽可能地与实际生活联系在一起。

第四节 学习方法评价

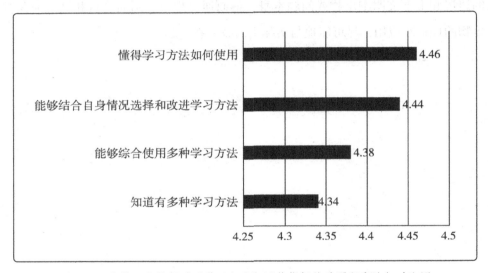

图3-13 小学语文教师对"学习方法"评价指标的重要程度认知对比图

如图3-13所示，小学语文教师认为"学习方法"的各个能力指标对评价语文学习的重要性程度由高到低依次是：懂得学习方法如何使用、能够结合自身情况选择和改进学习方法、能够综合使用多种学习方法、知道有多种学习方法。调查结果表明，小学语文教师认为懂得学习方法如何使用是语文"学习方法"的最重要评价维度。

表3-31 不同性别小学语文教师对"学习方法"评价指标的重要程度认知差异表

项目	性别	N	均值	标准差	F	Sig.	t	Sig.（双侧）
知道有多种学习方法	男	228	4.26	0.752	0.373	0.542	−1.849	0.065
	女	962	4.36	0.717			−1.796	0.073

续　表

项目	性别	N	均值	标准差	F	Sig.	t	Sig.（双侧）
懂得学习方法 如何使用	男	228	4.36	0.740	2.756	0.097	−2.439	0.015
	女	962	4.48	0.699			−2.356	0.019
能够综合使用 多种学习方法	男	228	4.25	0.775	0.828	0.363	−3.186	0.001
	女	962	4.42	0.724			−3.056	0.002
能够结合自身 情况选择和改 进学习方法	男	228	4.36	0.716	0.966	0.326	−2.097	0.036
	女	962	4.46	0.690			−2.050	0.041

　　由表3-31可见，就评价语文学习"学习方法"的重要评价指标是"知道有多种学习方法"这个变量而言，收尾概率p值均大于0.05，未达到显著水平，表明不同性别小学语文教师认知差异不显著。

　　就"懂得学习方法如何使用""能够综合使用多种学习方法""能够结合自身情况选择和改进学习方法"这三个变量而言，收尾概率p值均小于0.05，表明不同性别小学语文教师认知差异显著。在"懂得学习方法如何使用"对评价语文学习的重要性程度上，女教师（均值=4.48）的认同度高于男教师（均值=4.36）。对于"能够综合使用多种学习方法"对评价语文学习的重要性程度，女教师（均值=4.42）的认同度高于男教师（均值=4.25）。对于"能够结合自身情况选择和改进学习方法"对评价语文学习的重要性程度，女教师（均值=4.46）的认同度高于男教师（均值=4.36）。

　　表3-32　城乡小学语文教师对"学习方法"评价指标的重要程度认知差异表

项目	地区	N	均值	标准差	F	Sig.	t	Sig.（双侧）
知道有多种 学习方法	农村	736	4.26	0.740	3.137	0.077	−4.962	0.000
	城市	342	4.50	0.671			−5.143	0.000
懂得学习方 法如何使用	农村	736	4.40	0.740	14.088	0.000	−3.505	0.000
	城市	342	4.56	0.650			−3.675	0.000
能够综合使 用多种学习 方法	农村	736	4.30	0.768	15.476	0.000	−5.192	0.000
	城市	342	4.55	0.642			−5.538	0.000

项目	地区	N	均值	标准差	F	Sig.	t	Sig.（双侧）
能够结合自身情况选择和改进学习方法	农村	736	4.37	0.720	15.784	0.000	−4.478	0.000
	城市	342	4.57	0.635			−4.687	0.000

由表3-32可见就"知道有多种学习方法""懂得学习方法如何使用""能够综合使用多种学习方法""能够结合自身情况选择和改进学习方法"这四个学习方法的评价指标，收尾概率p值均小于0.05，表明城乡小学语文教师认知差异显著。

就"知道有多种学习方法"这个变量而言，城市任教教师的认同度（均值=4.50）高于农村任教教师（均值=4.26）。对于"懂得学习方法如何使用"，城市任教教师（均值=4.56）的认同度高于农村任教教师（均值=4.40）。对于"能够综合使用多种学习方法"，城市任教教师（均值=4.55）的认同度高于农村任教教师（均值=4.30）。对于"能够结合自身情况选择和改进学习方法"，城市任教教师（均值=4.57）的认同度高于农村任教教师（均值=4.37）。

表3-33　不同学历小学语文教师对"学习方法"评价指标的重要程度认知差异

项目	初中及以下（M±SD）	高中（包括中专、职高）（M±SD）	大专（M±SD）	本科（M±SD）	研究生（M±SD）	F	显著性
知道有多种学习方法	3.50±1.049	4.17±0.825	4.27±0.749	4.44±0.671	4.44±0.527	6.739	0.000
懂得学习方法如何使用	3.83±0.753	4.33±0.790	4.38±0.764	4.56±0.625	4.44±0.527	5.778	0.000
能够综合使用多种学习方法	3.67±0.816	4.28±0.720	4.31±0.792	4.49±0.662	4.44±0.527	5.960	0.000
能够结合自身情况选择和改进学习方法	4.17±0.753	4.30±0.726	4.35±0.749	4.55±0.617	4.44±0.527	6.519	0.000
N（人）	6	46	585	544	9		

由表3-33可见，"知道有多种学习方法""懂得学习方法如何使用""能够综合使用多种学习方法""能够结合自身情况选择和改进学习方法"这四个"学习方法评价"指标，收尾概率p值均小于0.05，表明不同学历小学语文教师认知差异显著。

对"知道有多种学习方法"，初中以下学历教师分别与高中（包括中专、职高）、大专、本科、研究生学历教师认知存在显著差异、高中（包括中专、职高）学历教师与本科学历教师认知存在显著差异、大专学历教师与本科学历教师认知存在显著差异（$p=0.031<0.05$，$p=0.009<0.05$，$p=0.000<0.05$，$p=0.001<0.05$，$p=0.013<0.05$，$p=0.015<0.05$，$p=0.000<0.05$），本科与研究生学历教师的认同程度最高（均值=4.44），初中以下学历教师认同程度最低（均值=3.50）。

对"懂得学习方法如何使用"，初中以下学历教师与本科学历教师认知存在显著差异、高中（包括中专、职高）学历教师与本科学历教师认知存在显著差异、大专学历教师与本科学历教师认知存在显著差异（$p=0.013<0.05$，$p=0.034<0.05$，$p=0.000<0.05$），本科学历教师的认同程度最高（均值=4.56），初中以下学历教师认同程度最低（均值=3.83）。

对"能够综合使用多种学习方法"，初中以下学历教师分别与大专、本科、研究生学历教师认知存在显著差异、大专学历教师与本科学历教师认知存在显著差异（$p=0.033<0.05$，$p=0.006<0.05$，$p=0.044<0.05$，$p=0.000<0.05$，$p=0.016<0.05$，$p=0.000<0.05$），本科学历教师的认同程度最高（均值=4.49），初中以下学历教师认同程度最低（均值=3.67）。

对"能够结合自身情况选择和改进学习方法"，高中（包括中专、职高）学历教师与本科学历教师认知存在显著差异、大专学历教师与本科学历教师认知存在显著差异（$p=0.020<0.05$，$p=0.000<0.05$），本科学历教师的认同程度最高（均值=4.55），初中以下学历教师认同程度最低（均值=4.17），不同学历小学语文教师认同程度都比较高。

表3-34 不同教龄小学语文教师对"学习方法"评价指标的重要程度认知差异表

项目	3年以下 （M ± SD）	3～10年 （M ± SD）	11～20年 （M ± SD）	21年及以上 （M ± SD）	F	显著性
知道有多种学习方法	4.52 ± 0.571	4.40 ± 0.649	4.35 ± 0.725	4.31 ± 0.753	2.429	0.064
懂得学习方法如何使用	4.69 ± 0.492	4.50 ± 0.622	4.46 ± 0.701	4.42 ± 0.747	3.740	0.011
能够综合使用多种学习方法	4.60 ± 0.540	4.40 ± 0.683	4.39 ± 0.719	4.35 ± 0.774	2.818	0.038
能够结合自身情况选择和改进学习方法	4.69 ± 0.516	4.46 ± 0.656	4.42 ± 0.702	4.40 ± 0.715	3.879	0.009
N（人）	83	134	323	650		

由表3-34可见，就"懂得学习方法如何使用""能够综合使用多种学习方法""能够结合自身情况选择和改进学习方法"这三个"学习方法评价"指标而言，收尾概率p值均小于0.05，表明不同教龄小学语文教师认知差异显著。

就"懂得学习方法如何使用"这个变量而言，3年以下教龄教师分别与11～20年、21年及以上教龄教师认知存在显著差异（$p=0.010<0.05$，p=0.001<0.05），3年以下教龄教师的认同程度最高（均值=4.69），21年及以上教龄教师的认同程度最低（均值=4.42），不同教龄小学语文教师认同度都很高。就"能够综合使用多种学习方法"这个变量而言，3年以下教龄教师分别与3～10年、11～20年、21年及以上教龄教师认知都存在显著差异（$p=0.044$，0.017，0.004<0.05），3年以下教龄教师的认同程度最高（均值=4.60），21年及以上教龄教师的认同程度最低（均值=4.35），不同教龄小学语文教师认同度都很高。就"能够结合自身情况选择和改进学习方法"这个变量而言，3年以下教龄教师分别与3～10年、11～20年、21年及以上教龄教师认知存在显著差异（$p=0.006<0.05$），3年以下教龄教师的认同程度最高（均值=4.69），21年及以上教龄教师的认同程度最低（均值=4.40），不同教龄小学语文教师认同度都很高。

表3-35 不同职称小学语文教师对"学习方法"评价指标的重要程度认知差异表

项目	初级 （二、三级） （M±SD）	中级 （一级） （M±SD）	高级 （高级、正高级） （M±SD）	未评定 （M±SD）	F	显著性
知道有多种学习方法	4.29±0.742	4.35±0.745	4.35±0.708	4.44±0.625	1.568	0.196
懂得学习方法如何使用	4.41±0.758	4.45±0.715	4.50±0.666	4.56±0.596	1.981	0.115
能够综合使用多种学习方法	4.34±0.779	4.38±0.737	4.40±0.739	4.49±0.628	1.475	0.220
能够结合自身情况选择和改进学习方法	4.40±0.738	4.41±0.703	4.54±0.628	4.56±0.606	3.184	0.023
N（人）	369	526	126	169		

由表3-35可见，不同职称小学语文教师对"学习方法"的评价指标中"能够结合自身情况选择和改进学习方法"的认知，变量的收尾概率p值小于0.05，表明不同职称小学语文教师差异显著。其余三个变量收尾概率p值均大于0.05，表明不同职称小学语文教师差异不显著。

就"能够结合自身情况选择和改进学习方法"这个评价指标而言，中级（一级）教师与初级（二、三级）教师认知存在显著差异（$p=0.047<0.05$），初级（二、三级）教师的认同程度最低（均值=4.40），不同职称小学语文教师认同度都高。

评价指标	平均分	比例
知道有多种学习方法	22.58	23%
懂得学习方法如何使用	23.55	24%
能够综合使用多种学习方法	24.91	25%
能够结合自身情况选择和改进学习方法	28.97	29%

图3-14 小学语文学习方法各指标权重图

　　如图3-14所示，关于小学生语文学习方法评价方法各指标中，"知道有多种学习方法"所占权重为23%，"懂得学习方法如何使用"的占24%，"能够综合使用多种学习方法"的占25%，"能够结合自身情况选择和改进学习方法"的占29%。在很大程度上反映了小学语文教师希望扭转当前只重方法和使用的评价方式。

　　访谈中，刘小妹老师谈到"方法是拿来用的，如果学生连怎么用都不懂，那认识再多方法也是没有用的。认识和使用是不一样的，认识只是学生知道，真正落实到位的是使用。"不仅知道解决问题的方法，而且可以根据实际情况灵活的选择和改进学习方法，学以致用，是每个教师衡量学生对问题理解以及问题解决最为重要的指标。一线教师普遍认为这种能力或方法的培养分为三种渠道：一是直接告诉学生方法，因为一些规则和规范是没办法引导的；二是引导学生，可以通过提示关键词，强调，追问等方法；三是实践探索，通过实践将外在的自身体验转化为内在的方式方法，从而提高学生能力，优化其对方法的使用。

第四章

"以学为本"的
小学语文学习评价实施建议

《教育部关于推进中小学教育质量综合评价改革的意见》（教基二〔2013〕2号）指出："要通过直接考查学生群体的发展情况评价学校的教育质量。将定量评价与定性评价相结合，注重全面、客观地收集信息，根据数据和事实进行分析、判断，改变过去主要依靠经验和观察进行评价的做法。将形成性评价与终结性评价相结合，注重考查学生进步的程度和学校的努力程度，改变单纯强调结果不关注发展变化的做法。将内部评价与外部评价相结合，注重促进学校建立质量内控机制，改变过于依赖外部评价而忽视自我诊断、自我改进的做法。注重发挥各方面的作用，逐步建立政府主导、社会组织和专业机构等共同参与的外部评价机制。""主要通过测试和问卷调查等方法进行评价，辅之以必要的现场观察、个别访谈、资料查阅等。测试和调查都要面向学生群体采取科学抽样的办法实施，不针对学生个体，不得组织面向全体学生的县级及以上统考统测，避免加重学校和学生负担。要充分利用已有的学生成长记录、学业水平考试、基础教育质量监测等成果和教育质量监测和评价机构的评价工具。要科学地设计评价流程，有序地开展评价工作。"

第一节　转变评价导向

一、学习评价以"学"为本

长期以来，人们把评估视为评定审核学生和教学品质的途径，而现在人们更重视评估在促进学生学习方面的作用。英国评估专家Black和William（1998）认为促进学生更好地学习是评估的首要目的，教师评估学生和学生自评所搜集的信息，可作为对教师教学和学生学习的反馈，并据此修订教学工作，使之符合学生的发展需要。[①]我国新课程理念推行以来，课堂教学评价由过去主要评价教师的"教"向重点评价学生的"学"转变，强调无论是"评教"还是"评学"都要在学生的"学"上得到体现。《课堂评价》中也提到"教师如何评价学生，对学生的学习有着非常重要的影响"，并强调课堂评价是所有教师为了有效完成教育教学任务以及教学职责所要掌握的核心知识和必备技能。[②]

新课程改革至今新的评价理念是，学生评价的根本目的是促进学生发展，而不是把学生分成三六九等，评价的本质功能是为教和学提供反馈，是为了帮助、促进学习，筛选、选拔只是其中一部分功能[③]。教师评价学生的主要目的

---

① 祝新华. 促进学习的语文评估：基本理念与策略：principles and strategies［M］. 北京：人民教育出版社，2014：3-5.

② 沈玉顺. 课堂评价［M］. 北京：师范大学出版社，2009.

③ 徐岩，丁朝蓬，王利. 新课程实施以来学生评价改革的回顾与思考［J］. 课程·教材·教法，2012（3）：12-21.

有以下几个方面：评定学生的等级；监控学生的学习进展情况；诊断学生的学习，确定教学策略；了解教师的教学效果；评估教师和课程质量；明确教学的重点，决定教学努力方向；影响家长和公众对质量的认识；促进学生的学习[1]。我们的调查数据结果显示，学习反馈、教学诊断、练习巩固是小学语文教师进行学习评价的最为认同的三个目的，从城乡教师差异来看，对于"小学语文教师进行评价的目的是教学诊断"，城市任教教师的认同度高于农村任教教师。对于"监督管理"，城市任教教师的认同度高于农村任教教师。不同任教年级、学历、教龄小学语文教师进行学习评价的主要目的认知都存在显著差异。以上调查结果直接反映出了当前教师在进行学习评价时追逐筛选、选拔的目的已经弱化，评价目的已经与传统的评价目的明显不同。我们还发现小学语文教师非常重视学生学习主动性培养这一评价指标，不同职称、教龄、学历、性别的小学语文教师对其认同度都高。访谈中小学语文老师还提出要采用适当的激励评价方法或通过同伴之间进行帮扶，培养学生的自主性。[2]学者陈平与朱敏指出，学习需要、自信心、坚持性以及情绪情感是影响学习活动的重要因素[3]，因此学习评价不能以教师为评价导向，只有真正实施以"学"为导向的评价才能使评价成为促进学生学习的工具，教师的评价才能真正有效、有用、精准，并真正与学生生活相连，才能帮助学生诊断和解决学习和发展中的问题、困难，使学生能够从中受到启发。

二、评价功能的全面发挥

《教育部关于积极推进中小学评价与考试制度改革的通知》（教基〔2002〕26号）指出："对学生、教师和学校的评价不仅要注重结果，更要注重发展和变化过程。要把形成性评价与终结性评价结合起来，使发展变化的过程成为评价的组成部分。"语文课程评价具有检查、诊断、反馈、激励、甄别和

---

① 沈玉顺.课堂评价［M］.北京：北京师范大学出版社.2009：1-7.
② 王雅萍，司亚飞.语文学习评价论［M］.北京：北京语文出版社.2018：298-299.
③ 陈平，朱敏.小学生学习主动性培养的实验研究［J］.教育研究，1995（11）：44-50.

选拔等多种功能，其目的不仅是为了考查学生实现课程目标的程度，更是为了检验和改进学生的语文学习和教师的教学，改善课程设计，完善教学过程，从而有效地促进学生的发展。应发挥语文课程评价的多种功能，尤其应注意发挥其诊断、反馈和激励功能。2020年中共中央、国务院印发的《深化新时代教育评价改革总体方案》要求：坚持统筹兼顾，针对不同主体和不同学段、不同类型教育特点，分类设计、稳步推进，增强改革的系统性、整体性、协同性。一是构建政府、学校、社会等多元参与的评价体系，建立健全教育督导部门统一负责的教育评估监测机制，发挥专业机构和社会组织作用。二是严格控制教育评价活动数量和频次，减少多头评价、重复评价，切实减轻基层和学校负担。三是各地要创新基础教育教研工作指导方式，严格控制以考试方式抽检评测学校和学生。四是创新评价工具，利用人工智能、大数据等现代信息技术，探索开展学生各年级学习情况全过程纵向评价、德智体美劳全要素横向评价。完善评价结果运用，综合发挥导向、鉴定、诊断、调控和改进作用。《课程标准》在评价目的上也提出"不应过分强调甄别和选拔功能"。调查结果显示，教师在进行学习评价时不是以分等排序为主要目的，表明传统学习评价的功利性目的已经被弱化，这是值得肯定的变化。

三、由重点关注学习结果评价转向关注过程与方法

传统意义上的学生评价标准是单一的，是"成绩和分数"，而《基础教育课程改革纲要（试行）》却从知识与技能、过程与方法、情感态度与价值观等多个课程目标维度给出了学生评价的多元标准[①]。小学语文学习评价也已经改变了仅关注学习结果的局面，转而关注学生语文学习的兴趣、书写规范、学习习惯、学习方法、

（一）关注学生学习兴趣的激发

在小学语文教学中，阅读教学是小学语文教学的重要组成部分，有助于全

———————————

① 王文静. 新课程需要什么样的学生评价［J］. 人民教育，2004（3）：58-59.

面提升小学生字、词、句等语文知识。学生阅读兴趣的培养不仅对语文学科本身有帮助，而且对学生学习的自主性、主观能动性都是有帮助的。因此，教师在实践过程中选取的给学生的阅读材料必须切合学生的心理年龄，必须符合学生的兴趣和个体生活经验，可使学生借助网络、书籍以及父母的帮助去阅读、了解。而后，教师通过展示与表达并结合奖励与激励性评价，调动学生的阅读兴趣。调查显示，关于阅读的兴趣对评价语文学习的重要性程度，在性别上，女教师的认同度高于男教师；在城乡差异上，城市任教教师的认同度高于农村任教教师；不同学历上，本科学历教师的认同程度最高，初中以下学历教师认同程度最低。不同学历的小学语文教师认同程度都比较高；不同教龄上，3年以下教龄教师的认同程度最高，21年及以上教龄教师的认同程度最低；不同职称上，未评定职称的教师的认同程度最高，初级（二、三级）教师的认同程度最低。不同职称的小学语文教师认同度都高。在访谈过程中，刘小妹老师也提到她关于阅读兴趣培养方法："课上会抛出一些学生感兴趣的问题，有好奇心和求知欲比较强的学生就会借助网络、书籍以及父母的帮助去阅读，继而通过展示与表达并结合奖励与激励性评价，从而调动全班学生的阅读兴趣。"研究中的数据结论和访谈内容都说明，当前学习兴趣是语文阅读学习评价中的重要维度。

对于如何培养和激发学生的阅读兴趣，不同学者发表了不同的观点，如李再广（2014）提出师生之间应相互合作交流，建立良好、和谐的阅读氛围，互相合作和沟通，开展广泛的阅读活动从而激发学生的阅读兴趣。[①]贾志敏专家认为，做好小学生阅读工作主要包括以下六个方面：一是简简单单、真真切切教阅读；要充分的引起学生阅读兴趣，教好学生语言的基础知识，尤其是识字以及篇章架构问题以及教会学生有关阅读的基本技能。"优秀的语文教师都是善于设计阅读活动，帮助学生有效学会阅读技巧的专业人员"。二是用教材教会学生阅读；要求教师能从文章本身跳出来，将"教学点"真正落实到学生语

---

① 李再广. 论小学语文教学中阅读兴趣的培养［J］. 华夏教师，2014（10）：38.

文学习上来。三是多读书，多思考，少提问，少做题。贾老师提出，写不出好文章最主要的原因就是读得太少，教师一定要教会学生朗读，大声读，还要做好读的示范，边示范边引导学生思考。在一线教学中往往会出现随意提问，重复提问等现象，不仅浪费了课堂时间，也使评价不具有针对性，对此贾老师认为，必要的提问是要有的，关键是需要巧妙的设计，提问要准确，有时效，而且提问设计要在学生熟知课文的前提下进行。四是做好语言文字的训练，不能搞出太多的"花样"，也不要讲得太深奥，扎扎实实地夯实语言基础。五是要让阅读教学成为作文的基础，通过阅读学习别人如何写文章、如何表达。六是拒绝表演，回归本真，教学要真实，来不得半点虚假，教给学生朴素的道理才是教学最真实的价值和意义，课堂要干净、实在，要始终关注学生的发展。[①]

（二）学习评价重视学生书写规范能力的培养

写字的工整程度对评价语文学习的重要性程度，在性别上，女教师的认同度高于男教师；在城乡上，城市任教教师的认同度高于农村任教教师；在学历上，大专学历教师与本科学历教师认知存在显著差异，本科学历教师的认同程度最高，研究生学历教师认同程度最低，不同学历小学语文教师认同程度都比较高；在教龄上，3～10年教龄教师与11～20年、21年及以上教龄教师认知存在显著差异，3～10年教龄教师的认同程度最高，21年及以上教龄教师的认同程度最低，不同教龄小学语文教师认同度都很高；不同职称上，未评定职称教师与初级（二、三级）教师认知存在显著差异，未评定职称的教师的认同程度最高，初级（二、三级）教师的认同程度最低，不同职称小学语文教师认同度都高。

关于"写字的工整程度"能力的培养，刘小妹老师认为主要通过两种方法进行：一是训练，首先在写的过程中应当注意调整学生写字、握笔的姿势，观察，其次是给予范写、模仿的练习，最后教师要给予指导，及时反馈和评价。二是生理成长，低年级一些学生由于生理因素，比较瘦小，手臂没有力气，抓

---

① 贾志敏. 语文教学艺术研究［M］. 福州：福建教育出版社. 2016：54—64.

不稳笔，要让他身体慢慢成长，并结合训练。一些专家学者同样认为应重视学生书写的正确、端正、整洁，在此基础上逐步要求书写流利。他们认为，"关于写字能力评价可概括为三个字：对（正确、规范，是写字最起码的要求）；好（端正、匀称、整齐）；快（迅速）""要发挥评价的激励作用，看学生字写得是否'对''好''快'，可以结合识字学习，各种语文作业和写字课进行评价。通过识字与写字评价，要能够促使学生随着年级的升高，更加喜欢识字写字、有主动识字的愿望、写字的姿势正确、能够养成良好的写字习惯、具有一定的书法审美观。"[①]此外有学者还提到通过校内竞赛的方式提升学生的书写兴趣。例如，"学校可以每月展开现场规范书写趣味比赛。每个班级只能推选10名左右小学生代表班级参赛，老师可以现场出一个有趣的谜语，让参赛小学生写出答案，或者读半句诗让小学生学写出下半句等。比赛淘汰规则以答案、写字的规范程度以及答题时间为依据。"[②]高级教师邓之富关于写的能力培养给出建议："通过读书让孩子把读的书讲给父母听，孩子不可能全背下来，就会把输入的东西加工输出。而输出有两种方式，第一种就是讲出来。第二种是写出来，不论他写一点什么东西，只要写一点东西给家长看一看。这两步如果完成了，都做到既想出来又讲出来还写一点东西出来，就算只读了100本书，作文怎么可能写不好呢？现在是孩子读了1000本书，却什么也没讲，只是大量地输入，没有加工，没有输出。"

（三）教师和家长重视学生学习习惯的养成

好的行为习惯是基础，也是学生得以继续向上发展的前提和标准，好的行为习惯的养成是衡量学生学习积极性和主动性的内在尺码。学习成绩只是评价学生学习的一个方面，而习惯的养成很大一部分也有益于成绩的提高。语文课程标准中明确、系统地提出了学习习惯在小学阶段的培养目标，在不同学段分别"养成良好的写字习惯""逐步养成讲普通话的习惯""养成主动识字的习

---

① 王雅萍，司亚飞.语文学习评价论［M］.北京语文出版社.2018：126.

② 刘新胜，严宇洁，郑连英，等.浅析小学生规范书写问题及培养策略［J］.教育教学论坛，2017（23）：241-242

惯""养成读书看报的习惯""养成留心观察周围事物的习惯"①。在课程改革以来，教师和家长对学生的学习习惯的养成更为关注。我们的调查结果也显示，对学习习惯的养成这一评价内容，不同学历、教龄等小学语文教师认同程度都比较高，访谈中低段教学的小学语文教师尤为重视学生学习习惯的培养，这说明课程改革中关于学习习惯的目标和要求已由思想观念中的理解转入教师们的日常教育教学实践中。学生学习习惯的培养需要长期的反复的训练和强调，需要各科教师、家长以及学校规章制度的相互监督与配合，还需要结合展示与模仿等方式激励学生良好行为习惯的养成。

（四）学习评价重视学生审美能力培养

《义务教育语文课程标准（2011年版）》指出，语文课程应重视提高学生的品德修养和审美情趣，使他们逐步形成良好的个性和健全的人格②。语文学科集"工具性"与"人文性"于一体，学习评价重视学生审美能力培养是落实语文课程性质中人文性的表现。对于鉴赏评价能力对评价语文学习的重要性程度，在性别上，女教师的认同度高于男教师。在城乡上，城市任教教师的认同度高于农村任教教师。在不同学历上，对于"理解能力"，初中以下学历与本科学历教师认知存在显著差异、大专学历教师与本科学历教师认知存在显著差异，本科学历教师的认同程度最高，初中以下学历教师认同程度最低，不同学历小学语文教师认同程度都比较高；对于"鉴赏评价能力"，初中以下学历教师与本科学历教师存在显著差异、高中（包括中专、职高）学历教师与本科学历教师认知存在显著差异、大专学历教师与本科学历教师认知存在显著差异，本科学历教师的认同程度最高，初中以下学历教师认同程度最低，不同学历小学语文教师认同程度都比较高。在不同教龄上；就"理解能力"这个变量而言，3年以下、11～20年教龄教师分别与21年及以上教龄教师认知存在显著差异，3年以下教龄教师的认同程度最高，21年及以上教龄教师的认同程度最低，

---

① 崔峦.学习《语文课程标准》深化语文教学改革（上）［J］.课程.教材.教法，2002（4）：10-16.

② 董坤.浅谈语文教学中小学生审美能力的培养［J］.基础教育论坛，2018（10）：50-51.

不同教龄小学语文教师认同度都很高。就"鉴赏评价能力"这个变量而言，3年以下、11～20年教龄教师分别与21年及以上教龄教师认知都存在显著差异，3～10年教龄教师的认同程度最高，21年及以上教龄教师的认同程度最低。概言之，小学语文教师对学生审美能力在语文学习评价中的重要性给予了认可。

（五）学习评价注重学生学习方法的引导和实践

对于"懂得学习方法如何使用"，在性别上，女教师的认同度高于男教师。在城乡上，城市任教教师的认同度高于农村任教教师。在不同学历上，初中以下学历教师与本科学历教师认知存在显著差异、高中（包括中专、职高）学历教师与本科学历教师认知存在显著差异、大专学历教师与本科学历教师认知存在显著差异，本科学历教师的认同程度最高，初中以下学历教师认同程度最低。

第二节　多种评价类型与方法结合使用

《教育部关于积极推进中小学评价与考试制度改革的通知》〔教基〔2002〕26号〕指出，"评价标准既应注意对学生、教师和学校的统一要求，也要关注个体差异以及对发展的不同需求，为学生、教师和学校有个性、有特色的发展提供一定的空间""评价方法要多样，除考试或测验外，还要研究制定便于评价者普遍使用的科学、简便易行的评价办法，探索有利于引导学生、教师和学校进行积极的自评与他评的评价方法""重视学生、教师和学校在评价过程中的作用，使评价成为教育行政部门、学校、教师、学生和家长共同参与的交互活动。"

一、运用多种评价方式，全面反映学生语文学习水平

详细了解多种学习评价类型的内涵及使用方法，是小学语文老师灵活运用评价，并对学生有一个全面及差异性的了解的基础。在调查中我们提到了"诊断性评价""形成性评价""终结性评价""相对性评价""绝对性评价""个体内差异评价""常模参照评价""标准参照评价""定性评价""定量评价"十种学习评价，通过访谈了解到，绝大多数教师出于对专业术语、内涵不了解等原因，导致对评价类型的了解程度和使用频率判断产生误差。调查结果显示小学语文教师中最常用的三种学习评价类型是"诊断性评价""相对性评价""形成性评价"。最不常用的三种评价类型是"定量评价""定性评价""绝对性评价"，最不了解的是"绝对性评价"，最了解的是"个体内差异评价"。但是，我们在后续访谈中发现教师对此种评价类型存

在认识误区。以上调查结果告诉我们，当前需要加强小学语文教师对学习评价类型的内涵及实践的指导，这就需要对不同学习评价类型的优劣及适用范围进行理论学习和研究，并在此基础上做到灵活运用多种学习评价。小学语文新课程标准（最新修订版）强调要运用多种评价方式，强调学习评价方式的多样性、科学性、全面性。据此，我们给出以下建议：

第一，形成性评价和终结性评价都是必要的，但应加强形成性评价。形成性评价提倡采用成长记录的方式，注意收集、积累能够反映学生语文学习发展的资料，记录学生的成长过程。教师对学生语文学习的日常表现，应以表扬、鼓励等积极的评价为主，采用激励性的评语，从正面加以引导。

第二，应该有诊断性评价，但它不应作为对学生学习评价的标准，应注重学生学习的发展性，与相对性评价相结合。教师可借用诊断性评价来初步判断学生学习的基础，但不能因此形成刻板印象。结合相对性评价对学生学习进步动态把控，才能确切的了解和把握学生学习的差异情况。

第三，要坚持定性评价和定量评价相结合。定量评价采用结构式的方法预设操作化的评价内容，主要用于收集学生语文学习中可以量化的信息，运用数学方法作出推论的评价，如通过学生的测试分数检验其平均成绩之间的差异。定性评价是指采用开放的形式获取评价信息、作出评价判断的方法[①]。语文学习具有重情感体验和感悟的特点，更应重视定性评价。学校和教师要对学生的语文学习档案资料和考试结果进行分析，评价结果的呈现方式除了分数或等级以外，还应用最有代表性的事实客观描述学生语文学习的进步和不足，并提出建议。评价设计要注重可行性和有效性，力戒烦琐、零碎，防止片面追求形式。

第四，绝对性评价、相对性评价和个体内差异评价相结合。绝对性评价指将学生学习效果与课程目标、教学目标进行比较，判断其达到标准的程度。相对性评价用于学生个体之间的横向比较，比如考试成绩排序。个体内差异评价

---

① 汪晓赞.我国中小学体育学习评价改革的研究［D］.上海：华东师范大学，2005.

是以评价对象自身状况为基准，把学生与自己过去的情况进行比较，或把学生个体的若干侧面进行比较，对评价对象进行价值判断的评价方法。在这种方法中，评价对象只与自身状况进行比较，包括自身现在成绩同过去成绩的比较，以及自身不同侧面的比较[①]。例如，在日本评价史中，遇到无论怎么努力仍无法提高成绩的学生，就将他们的努力情况写入"个体内差异评价"的"表现"栏中，起到鼓励的作用。个体的今昔比较，可使学生了解自己的发展情况；个体的各侧面比较可使学生了解自己哪方面优，哪方面差，以便进行自我调节[②]。

二、结合学科特性灵活使用多种评价方法

自评价改革以来，"生活语文""综合性学习""发展性评价"等学习理念、评价理念的输入使得语文学科的人文性受到了高度重视，对学习评价中评价方法和评价方式的改革也应势展开。传统的学习评价最常用的评价方法是期中考试，期末考试、单元测试，以分数给学生的学习定性。其实除了以上评价方法，还有很多评价方法教师可以用以了解学生语文学习的情况，如测验、观察、提问、自述、作文、演讲等。日常教学中，教师也会自觉选择合适的评价方法，在调查语文教师对评价方法的使用情况时，我们了解到教师最常用的学习评价方法的是"课后作业""课堂提问""听写"。原因在于课后作业紧扣"课程标准"，对知识点的把握也更有基础性和普遍性；课堂提问即问即评，可以明确把握学生目前的学习状况以及快速给予评价和反馈；由于语文学科的特殊性，更注重于字词句的练习和掌握，因此听写作为最便捷、最直观也较为常用的评价方法深受教师们的青睐。综上所述，教师目前接触到学习评价方法类型多样，日常还是以作业、测试、课堂提问等为主，对量表、量规的使用陌生且持怀疑态度，说明教师在使用评价方法时还是存在一定的思维局限性。当

---

① 田中耕治. 学习评价的挑战：表现性评价在学校中的应用［M］. 郑谷心，译. 上海：华东师范大学出版社. 2015.

② 原兰兰，卢文汇，连仙枝. 中小学生评价的问题与建议［J］. 山西煤炭管理干部学院学报，2011，24（1）：174-176.

前在教学中做好评价，需要教师转变评价观念，建立以促进学生发展为目标的评价体系，结合学科特性灵活使用多种评价方法，发挥除纸笔测验评价之外的过程评价、口语表达评价、情境评价及卡片评价等多种评价方法的作用①。语文学习评价根据不同的评价目的、评价内容以及学生的个体差异，采用不同的评价形式，如观察、面谈、课堂问答、写作、练习、问卷调查、座谈、典型例子分析、辩论、讨论、演讲、表演、操作、展示、专题设计、口头访问、摘录要点、考查、口试、笔试等形式，评价学生的读、写、听、说能力及学习态度、学习习惯、学习方法、学习动机等②。

---

① 顾艳婷. 浅谈以多种教学评价方法促进语文专题学习［J］. 新课程（教研），2010
  （12）：6-7.
② 张晓愉. 语文学习评价探索［D］. 上海：上海师范大学，2006.

第三节 科学设置评价指标

一、由零归整，多维评价的评价基础

2001年印发的《全日制义务教育语文课程标准》规定："语文课程评价的目的不仅是为了考查学生达到学习目标的程度，更是为了检验和改进学生的语文学习和教师的教学，改善课程设计，完善教学过程，从而有效地促进学生的发展，不应过分强调甄别和选拔功能。要突出语文课程评价的整体性和综合性，要从知识与能力、过程与方法、情感态度与价值观几方面进行评价，以全面考查学生的语文素养。""由零归整"即把对学习者的若干次零碎的评价整合起来，以体现学习者的学习行为、学习态度、学习习惯等多种因素的综合价值。"多维"指评价内容的多维性，即在评价过程中不仅关注学生的知识与能力、过程与方法、情感态度和价值观三个维度，还关注了学生学习习惯的养成、学习毅力的培养及学习品质的陶冶等多种因素。"由整归零，多维评价"从语文学科的特点出发，遵循语文学习的客观规律，充分考虑到了学习者学习行为的复杂性、语文素养培养的长期性，是一种多方互动的评价方式[①]。

二、重视听说评价

对学生语言表达进行评价时，要注意鼓励和引导。在表达清晰度对评价语

---

① 王全梅. 以"星星之火"点燃学生学习的热情——小学语文教学"由零归整，多维评价"的实践与探索［J］. 山东教育：中学刊，2004（19）：42.

文学习的重要性程度这一点上，性别差异表现为女教师的认同度高于男教师。城乡教师差异表现为城市任教教师的认同度高于农村任教教师。学历差异上，研究生学历教师的认同程度最高，初中以下学历教师认同程度最低，不同学历小学语文教师认同程度都比较高。教龄差异上，3年以下教龄教师的认同程度最高，21年及以上教龄教师的认同程度最低。

　　作为《课程标准》中口语交际方面的评价内容，说是口语交际的最基本表达。调查结果表明，在说这一评价体系中教师最看重学生的表达清晰度。因此，当前小学语文学习评价时应始终注重以评价为手段，以评带说，忽视了这一出发点就无法真正促进学生口语交际能力的提升。教师还应该始终作为表达清晰的榜样。进行小学语文学习评价时教师还有很多的工作要学习，首先，应努力培养学生敢说，在访谈中，小学教师也提到低段学生尤其是要注重这一能力的培养，指出鼓励学生敢于、勇于表达的重要性，教师会通过创造表达机会的活动、课堂提问等多种方式为学生提供更多的表达机会。日照市某实验小学在对口语交际能力评价时也非常注重评价的激励性。其次，评价说要明确基准，王光龙在《语文学习评价论》中关于语文"说"的能力的评价中指出语音规范，吐字清晰主要考察三个方面：①能否讲标准流利的普通话；②能否正确运用自己的发音器官；③能否注意声波的流向和音量。因此，要准确地使用概念，科学地进行判断，合乎逻辑地选词造句。在此表达清晰的能力基准之上确定基准要求的同时做到以学生发展为准设计不同的评价指标，如小学低年级评价说的能力看能否简要完整的讲述或复述内容，小学中年级的学生除了清楚表意对语速、语言艺术也有了要求，小学高年级评价说时要考察表达的条理性、概括性、情境性等①。但无论是低学段还是高学段，都要将表达的正确度与流利度作为基本评价要求，烟台市某小学根据学校实际和《课程标准》设计的评价标准中就有所体现。最后，教师在评价过程中耐心地倾听，教会学生表达时做到"二不""三不要"，"二不"即不说错、不重复，"三要"即要围绕一

---

① 薛炳群.小学语文有效教学评价［M］.济南：齐鲁书社，2007：13.

个中心说，声音要响亮，态度要自然①。

关于"听"的评价由于缺少相关资料，我们在结合汉语等级考试和英语等级考试评价指标体系基础上提出"听"的能力需要从听的转化能力、听的接受能力、听的理解能力、听的复述能力五方面来评价，经调查，小学语文教师对于"听"的各个能力指标对评价语文学习的重要性程度，最重视的是"听的转化能力"，最不重视的是"听的复述能力"。"听的转化能力"这一指标最终要表现在读、写上，而仅仅把听到的东西简单复述出来，是一种机械的评价方式。

三、重视方法和态度的评价

对于学生学业发展水平评价，《教育部关于推进中小学教育质量综合评价改革的意见》（教基二〔2013〕2号）指出："可以通过知识技能、学科思想方法、实践能力、创新意识等关键性指标进行评价，促进学生打好终身学习和发展的基础。"《教育部等九部门关于印发中小学生减负措施的通知》（教基〔2018〕26号）指出："培养良好学习习惯。引导学生端正学习态度，课前主动预习，上课专心听讲，积极发言、不懂就问，课后主动复习巩固，学习时精力集中、提高效率，不做'刷题机器'。鼓励同学间互帮互助、共同成长。"《义务教育语文课程标准（2011年版）》指出，语文课程应激发和培育学生热爱祖国语文的思想感情，引导学生丰富语言的积累，培养语感、发展思维，使其初步掌握学习语文的基本方法，养成良好的学习习惯，具备适应实际需要的识字写字能力、阅读能力、写作能力、口语交际能力，正确地理解和运用祖国语文。同时，语文课程还应通过优秀文化的熏陶感染，提高学生的思想道德修养和审美情趣，使他们逐步形成良好的个性和健全的人格，促进德、智、体、美诸方面的和谐发展。以上文件都提到重视学生语文素养中的口语交际、学习方法和学习态度能力培养，这正是当前学习评价中应该加入的评价指标和加

---

① 李家栋. 小学生语文能力评价研究新探［M］. 济南：齐鲁书社，2007：76-90.

以重视的内容。

对于学习态度方面，教师最关注的就是学习习惯的养成。小学语文教师认为"学习结果"的各个能力指标对评价语文学习的重要性程度由高到低依次是学习习惯的养成、学习的兴趣、学习方法的掌握、情感态度价值观的培养、学业成绩。调查结果表明，小学语文教师认为学习习惯的养成是语文学习评价中"学习结果"的最重要评价维度。

新课改明确提出，情感、态度、价值观是课改三维目标中的一维。季苹认为，学生的学习态度应该包括对3个要素的态度，即求知的态度、交往的态度以及自我发展的态度[①]，结合专家、学者和教师们的意见，我们将学习态度的指标分为学习的主动性、学习的自主性、学习的专注程度、纠正学习错误的意愿、学习的计划性。在对调查数据进行整理后，我们发现小学语文教师认为"学习态度"的各个能力指标对评价语文学习的重要性程度由高到低依次是学习的主动性、学习的自主性、学习的专注程度、纠正学习错误的意愿、学习的计划性。

---

① 季苹.怎样评价学生的学习态度？［J］.中小学管理，2004（11）：41-44.

第四节　开发多样的评价工具

一、开发、提供多样评价工具

调查后，我们了解到作业是老师们普遍常用的评价方法，其中教龄越低的女教师越依赖课后作业进行学习评价，"量表""量规""问卷"是老师们最不常用的。课后作业的布置在内容上与课堂教学紧密相连，对学生理解、掌握和深化课堂中所学的知识以及养成良好的学习习惯具有重要的作用，通过作业的检查与批改，教师可以发现学生学习中的问题，并据此给予学生及时的反馈与指导，同时有助于教师了解和改进教学。因此，教师布置的作业数量要适当；作业质量要精当；作业形式要多样[①]。随着促进学习理念的推行，多样的评估方法慢慢被教师所熟悉和采用，对这些评价方法的理解和熟练运用能够帮助我们达到不同的教学目的，学习评价方法多样，各种评价方法都有特定的功能与局限，没有任何一个评价方法能全面地发挥所有评价方法的功能，这就需要提升教师教学知识能力和水平，在了解多样的评价方法后能够基于评价目标选择评价方法。除了要求教师灵活运用学习评价方法和工具外，当前学习评价在评价方法上表现的对量表、量规不熟悉的问题，主要是由于我国缺乏公众认可和可供推广的评价工具。评价方法和评价工具是破解评价困境的手段，是营造良好评价生态的基础。因此我们应该注意多种评价工具的开发和革新，探索

---

① 李玉芳.如何进行学生评价［M］.上海：华东师范大学出版社，2014：98.

"融合评价"新方法、新工具,助推营造良好教育①。创新评价工具,即利用人工智能、大数据等现代信息技术,探索开展学生各年级学习情况全过程纵向评价、德智体美劳全要素横向评价。

二、教师参与开发提高评价工具的适用性

访谈中,教师也提到量表、量规对小学生学习评价的不适用问题,针对这一问题,笔者认为应该多采用简易可行的校内连续性评估。泰勒曾提到, "评价方法的开发不是单纯的技术问题,是不断完善教育实践的根本性活动", 这说明了开发能够准确把握学生掌握目标程度的评价方法的必要性和重要意义。②开发是必要的,但开发应以服务现实情况为准,从学校层面开发基于课程标准的学习评价工具是一个系统工程,需要学校、专家、教师形成合力展开探索,单凭任何一方的努力都是无法达到的。学校能够为专家和教师打造研发和沟通的平台,专家能够为评价方法和工具的开发提供科学理论知识和规范,帮助完善和分析评价工具的内容效度、结构效度,教师基于教学教育实践和课程标准等目标要求完成评价方法的内容构建、方法选择等,在这个过程中教学一线的教师不仅能够对评价范式和技术有更深入的了解,还能促进标准、教学与学习评价的一致性。③

---

① 瞿振元,张炜,陈骏,等.深化新时代教育评价改革研究(笔谈)[J].中国高教研究, 2020(12):8.

② Tyler, Ralph. W. Evaluation: a Challenge to Progressive Education, Educational Research Bulletin, 1935, 14(1): 110.

③ 崔允漷.基于标准的学生学业成就评价[M].上海:华东师范大学出版社,2008:110.

第五节　合理使用学习评价结果

一、学习评价有效发挥需先解决中当前学习评价存在的主要问题

当前教师进行学习评价存在的主要问题是：对课外学习评价的关注不够；评价主体不够多元化；侧重于语文知识与技能评价，对学习态度与方法关注不够。在性别差异上，男教师的认同度高于女教师。在教龄差异上，对于"对课外学习评价的关注不够"3～10年教龄教师的认同程度最高，3年以下教龄教师的认同程度最低。对于"侧重于语文知识与技能评价，对学习态度与方法关注不够"，3～10年教龄教师的认同程度最高，3年以下教龄教师的认同程度最低。职称差异上就"对课外学习评价的关注不够"，高级（高级、正高级）教师的认同程度最高，未评定职称的教师的认同程度最低，不同职称小学语文教师认同度都高。

新教师、职称低的教师对学习评价中存在的问题认识不足，这类教师教学知识、经验不足，对促进学习的评价理念和操作技能并不熟悉，与老教师、职称高教师学习评价存在的问题存在差异的看法是可以理解的，但我们对数据结果显示出当前小学语文教师在学习评价时存在的三大主要问题应予以重视。对于课外学习评价和评价主体多元化问题，最根本的方法是要促进评价的多方配合，引进多方参与评价的机制，改变传统评估由教师说了算的做法。语文课程标准强调加强学生的自我评估和相互评估，并让学生家长积极参与评价活动，这需要教师鼓励学生主动参与，家长与教师合作积极支持。值得注意的是，学

生及家长要有必要的培训和评价指引，才能更有效地域教师评价互为补充。①
引导学生参与评估时要注意为学生提供评估机会、采用灵活的评估方式、引导
学生掌握评估方法、提高学生评估的客观性、尊重学生的评估结果。对学习态
度与方法关注上教师也要加强，尤其是小学低段学生的学习态度与学习表现有
很大关系，这需要教师在评价过程中，注意教学评价与教学过程的和谐；注意
关注评价过程中学生的个体差异；注意实行视实际情况而定的延迟评价；注意
使用符合新课程理念的教学用语；注意开展学生互评与自评的各种活动；注意
营造民主平等和温馨的评价氛围，引导学生交换学习方法。②

二、以学习评价结果为基础关注学生学习和成长

评价的最终目的是帮助学生学会学习。学生根据评价提供的信息，清楚
自己的学习状态，了解自己的差距，发现自身问题所在，明确下一步的学习目
标，调整下阶段的学习计划，转变自己的学习策略。评价的结果为学生学习的
改善提供依据，促进学生自我评价和自我管理学习能力的发展③。小学教师专
业标准（试行）也以学生为本作为教师专业素养的基本理念，要求教师要尊重
小学生权益，以小学生为主体，充分调动和发挥小学生的主动性；遵循小学生
身心发展特点和教育教学规律，提供合适的教育，促进小学生生动活泼学习、
健康快乐成长。中共中央国务院印发的《深化新时代教育评价改革总体方案》
指出"教育评价事关教育发展方向，有什么样的评价指挥棒，就有什么样的办
学导向"，要求"完善评价结果运用，综合发挥导向、鉴定、诊断、调控和改
进作用。义务教育学校重点评价促进学生全面发展、保障学生平等权益、引领
教师专业发展、提升教育教学水平、营造和谐育人环境、建设现代学校制度以及
学业负担、社会满意度等情况。改革学校评价，推进落实立德树人根本任务"。

① 祝新华. 促进学习的语文评估：基本理念与策略: principles and strategies ［M］. 北京：
　　人民教育出版社，2014：57-58.
② 严育洪. 新课程评价操作与案例［M］. 北京：首都师范大学出版社，2010：99.
③ 陈志旗. 多元评价视角下的教学评价改革［J］. 教学与管理（理论版），2011（12）：26-28.

第六节　提高教师评价素养

一、教师要具备科学的评价观，掌握先进的评价方法

教师对教学评价的观念和认知直接影响评价的执行效果。教师首先要具备科学的价观和先进有效的评价方法，学习如何进行课堂观察、如何将评价嵌入课堂活动、如何进行记录和分析等，确保评价的信度和效度。因此，有必要对教师进行教学评价培训，这样可避免和减少在评价中的主观因素和随意性，使评价更趋公正合理。

在调查中我们发现，小学语文教师对各种学习评价类型的内涵与使用方法最了解的是个体内差异评价，最不了解的是绝对性评价，小学语文教师对各种学习评价类型的使用方法最了解的是"个体内差异评价"，最不了解的是"绝对性评价"。城乡教师差异上，对"绝对性评价"的了解，城市任教教师高于农村任教教师，对"个体内差异评价"的了解，城市任教教师高于农村任教教师。学历差异上，就"个体内差异评价"而言，初中以下学历教师分别与高中（包括中专、职高）、本科学历教师认知存在显著差异、大专学历教师与本科学历教师认知存在显著差异，本科学历教师的认同程度最高，初中以下学历教师的认同程度最低。教龄差异来看，就"绝对性评价"，3年以下教龄教师的了解程度最高，11～20年教龄教师的了解程度最低。对于"个体内差异评价"，3～10年教龄教师的了解程度最高，11～20年教龄教师的了解程度最低。职称差异上，对"绝对性评价"而言，未评定职称的教师的了解程度最高，高级（高级、正高级）教师的了解程度最低。

但经过访谈发现，这道题目的数据结果是由于教师们对评价类型理解有误导致。许多教师表示在日常的练习过程中，发现对知识掌握不牢固的学生，会在课下进行讲解并制定与学生水平相当的专项训练，关注一段时间内学生的知识掌握情况，属较为常用的评价类型，他们认为这就是"个体内差异评价"。另外，我们对小学语文教师对各种学习评价类型了解程度进行差异分析后发现，不同性别、地区、职称等教师对各种学习评价类型存在差异。综上所述，要想做好学习评价，提高教师评价素养，应该首先以教师能够具备科学的评价观、掌握先进有效的评价方法为出发点。

二、提升教师进行学习评价实践操作水平

小学语文教师中最常用的三种学习评价类型是诊断性评价、相对性评价、形成性评价。对学习评价的使用情况来看，在性别方面，当前小学常用的学习评价类型是个体内差异评价和学生自我评价，女教师的认同度都高于男教师。不同任教年级、学历、教龄、职称小学语文教师进行学习评价的主要目的认知都存在显著差异。

数据结果显示，教师学习评价过程中遵循了"过程性""多元化"相结合的原则，在语文学习评价实践过程中一般结合使用了超过3种的评价类型，终结性评价是他们最不常用的评价类型，这个结论在以终结性评价为主的教育评价背景下并不常见。我们通过对评价类型了解情况的数据收集发现，教师对"定量评价""定性评价""终结性评价"等评价类型的概念内涵和使用程序不了解，又通过访谈印证了这一说法。教师对于新课程推动的形成性评价、个体内差异评价有所理解和使用，但对语文评价类型并没有全面了解、深入研究。语文学习评价要贯穿学生学习的全过程，学生学习的不同阶段需要不同的评价重点，这导致了评价类型在实际使用过程中的多样化和动态化，对评价的全面把握才能将评估与教学整合起来。教师个人要主动学习，从书籍、培训活动、网络媒体等多种途径更新教育教学知识，不能以资源、条件限制作为不学习的借口；学校方面要想方设法的提升农村教师和老教师对学习评价类型的理论知识和实践操作水平，课程支持、组织学习这些活动都应该成为常态化教学活动，

重视教师的职前、职后培训，为教师提供多途径、多渠道的交流学习途径。

三、加强教师教育过程中的政策文件内容学习

半数的小学语文教师对任教学段《课程标准》设定的目标没有深入了解，不同性别小学语文教师了解程度差异显著，男教师的了解程度高于女教师。城乡任教教师差异显著，城市任教教师的了解程度高于农村教师。不同职称小学语文教师差异显著，中级（一级）教师与初级（二、三级）教师、高级（高级、正高级）教师了解程度高于初级（二、三级）教师、未评定职称教师。

要加强教师教育过程中的政策文件学习内容，教师培训就要专业、有效。《课程标准》对于语文学科的重要性不言而喻，从发布以来，专家学者、教师纷纷组织学习和讨论，但由于我国各学校及教师发展水平参差不齐，还是存在语文教师对任教学段和《课程标准》设定的目标没有深入了解的情况，这种情况一方面可能是因为农村教师条件限制没有及时跟上教育教学新政策的变革，另一方面是因为教师培训缺乏对相关政策的学习，或是学习缺乏实效、没有深入研究。这就需要政府能够及时地将最新教育讯息带给各个学校及教育机构，严格要求其落实学习，学习反馈不仅要以学习报告、读书报告等作为学习的成果，还应该深入教学课堂实践了解教师的教育教学情况，对贫困地区的教师要注重教育资源的配给，发挥学校在教师教育过程中和政策文件学习过程中的主导作用，开展多样的教育教学活动展示和评价，动态跟踪教师理论水平和实践教学能力的变化。不同学段的执教老师，应时时检验自己是否落实阶段目标要求，如果没有达到，就应反思自己的教学在哪些方面还有差距，并制定改善计划，以尽快完成语文学习的阶段目标乃至总目标任务，为学生下一段的读写学习、口语交际学习等打下坚实的基础。教师培训要专业、有效，并注意及时接收反馈和调整。

第七节 为科学开展评价提供保障

一、设置"按需施训"的培训课程

小学语文教师在语文学习评价方面最希望得到的帮助排名前三的分别是对评价工具、方法、流程进行培训；减少专业之外的杂务以便有时间和精力及时评价与反馈；从制度上保障教师对学生的评价的自主权。访谈时，有教师建议让教师，特别是一线教师参与评价工具的研发过程，当然在参与前要对教师进行理论和实践的培训。让一线的教师来参与评价工具的开发，然后再请专家来进行整体方向的把控，这样能够在贴近教育教学实际的同时，保证评价的科学性、规范性。另外，目前的评价工具开发要重视结合学生的实际情况来调整。在调查中，我们了解到很多教师是不懂评价工具的开发和使用的，因此要事先做好相应的培训；评价工具不能只依靠教师，而需要学校、同行以及各方的配合和帮助，也可以借助便捷和丰富的网络资源；评价工具的开发和使用离不开学生的参与，学生是对自身以及同伴最了解的评价主体，因此在评价工具的开发和利用过程中，学生参与的适当可以提高工具的准确性。

二、学校应减少教师在教学、学生管理等专业事务之外的杂事

对"教师作为评价主体的素养不够"的认同度，在性别上，男教师的认同度高于女教师。在城乡上，农村任教教师的认同度高于城市任教教师。在教龄、职称上，不同教龄或职称小学语文教师差异显著。

通过调查发现教师日常工作是非常烦琐的，特别是班主任工作。教师除

了教学、管理学生之外，还要写各种材料、参加各种比赛，在关注学生日常学习的同时，还要关注学生的生活以及做好与家长、社会之间的沟通与协调等。针对以上问题，一线教师也给出了自身建议和看法：首先教师要学会分担和取舍，根据自己的实际情况在提升自我的道路上做相应的取舍，调整好自己的心态，做好时间管理和规划；其次教育部门以及学校也要根据教师实际情况减少课外杂务，有选择性地对教师进行工作安排；再次基于评价素养问题，教师应懂得相应的评价标准和方法；最后教师评价素养的提升关键还在于教师知识的更新与积累，大量的阅读，关注主媒体做好学生价值观引领，参加学校组织的各种讲座与培训，从而促进自身评价素养的提升。严育洪专家指出，教师要不断地提升自身的评价素养，评价次数频繁——忌过"滥"；评价表现的赤裸——忌过"露"；评价实物的富余——忌过"谈"；评价情意的虚浮——忌过"假"。①

三、对教师评价能力提出具体要求

课堂评价是教学过程的重要组成部分，是教师日常教学活动的重要内容。课堂评价技能构成了教师的核心专业技能。1987年，美国教师联盟、美国教育测量全国委员会和全美教有协会组成了一个工作组，研究教师评价学生必须具备的技能范围和标准。1990年，上述三个机构联合发布了"学生评价的教师能力标准"，它不仅对教师在学校教育教学过程中需要具备的课堂评价能力提出了要求，而且对教师在教学专业领域承担更广泛的责任所需要具备的课堂评价能力提出了要求，主要体现在以下一系列活动中：教学活动发生之前的评价、教学过程中的评价、适当的教学单元（如一节课、一个教学单元、一个学期或一个学年）结束后的评价、与教师参与学校和学区决策有关的活动、与教师在教育领域更广泛的参与有关的活动。②而在中国此类评价工具、指标相关内容较少或没有。杨向东、崔允漷提出"教—学—评"一体化的教学实践，采取分

---

① 严育洪.新课程评价操作与案例［M］.北京：首都师范大学出版社.2010.
② 杨向东，崔允漷.课堂评价［M］.北京：北京师范大学出版社.2012：10-12.

阶段—小步调的实施策略：①分解课标、制定明确、可操作的教学目标；②围绕目标，实施教学评一体化教学；③课堂观察，建立三级教学评价机制[①]，以期为教师在教育教学评价中提供有力的支持。

依据《中小学幼儿园教师培训课程指导标准（义务教育语文学科教学）》（以下简称《指导标准》）为教师学习评价能力提供借鉴。《指导标准》基于义务教育阶段语文教育教学工作任务及实践需要，明确对语文课程与教学的认识、识字与写字教学、阅读教学、写作教学、口语交际教学、综合性学习的组织与指导等六项培训目标主题，开发了义务教育语文教师教学能力自我诊断量表，分层分类设计培训课程。提升了教师培训的针对性和实效性，能够帮助教师进行自我诊断，较直观地衡量自己的语文教学能力的现有水平，从而自觉地感知自身能力与培训目标的"差距"，激发教师主动培训的内在需求，也能从外部给教师评价能力提出判断依据，为科学开展评价提供师资力量。

[①] 杨向东，崔允漷.课堂评价［M］.北京：北京师范大学出版社.2012：194—197.

附 录

附录一　小学语文学习评价调查问卷

尊敬的老师：

您好！本问卷不记名，调查结果只作学术研究之用。除有特殊说明外，其余都是单选题。

感谢您的参与，感谢您为学术研究所做的贡献！

一、基本信息题

1.您的性别是（　　　）。

A.男　　　　　　　B.女

2.您任教学校的性质是（　　　）。

A.公办　　　　　　B.民办

3.您所在学校所处的区域是（　　　）。

A.农村　　　　B.乡镇　　　　C.县城　　　　D.市级城市

4.您任教的年级是（　　　）。

A.一年级　　　B.二年级　　　C.三年级　　　D.四年级

E.五年级　　　F.六年级

5.您的学历是（　　　）。

A.初中及以下　　　B.高中（包括中专、职高）

C.大专　　　　　　D.本科　　　　E.研究生

6.您的教龄为（　　　）。

A.3年以下　　　B.3～10年　　　C.11～20年　　　D.21年及以上

7. 您的职称（　　　）。

A. 初级（三级教师、二级教师）　　　B. 中级（一级教师）

C. 高级（高级教师、正高级教师）　　D. 未评定

8. 您任教的学科（　　　）。

A. 语文　　　　　　B. 数学　　　　　　C. 英语

D. 体育　　　　　　E. 美术　　　　　　F. 音乐

G. 科学　　　　　　H. 道德与法治　　　J. 其他

二、学习评价的现状

9. 当前的学习评价对小学生学习的作用（　　　）。

A. 没有帮助　　　　B. 不太有帮助　　　C. 一般

D. 比较有帮助　　　E. 非常有帮助

10. 当前学习评价的主要目的是（　　　）。【可多选】

A. 学习反馈　　　　B. 教学诊断　　　　C. 分等排序

D. 练习巩固　　　　F. 监督管理

11. 当前小学常用的学习评价类型是（　　　）。【限选3种及以下】

A. 诊断性评价　　　B. 形成性评价　　　C. 终结性评价

D. 相对性评价　　　E. 绝对性评价　　　F. 个体内差异评价

G. 等第制评价　　　H. 百分制评价　　　I. 学生自我评价

J. 他人评价　　　　K. 定性评价　　　　L. 定量评价

12. 请判断您对以下学习评价类型的内涵与使用方法的了解程度，并在表示程度的数字下的空格处打√。

项目	对各种评价类型的了解程度 （1表示完全不了解5表示非常了解）				
	1	2	3	4	5
诊断性评价					
形成性评价					
终结性评价					

项目	对各种评价类型的了解程度 （1表示完全不了解5表示非常了解）				
	1	2	3	4	5
相对性评价					
绝对性评价					
个体内差异评价					
常模参照评价					
标准参照评价					
定性评价					
定量评价					

13. 您对任教学段《全日制义务教育语文课程标准》设定的目标（   ）。

A. 一点都不了解   B. 不太了解   C. 一般了解

D. 比较了解   E. 非常了解

14. 您对以下学习评价方法的使用情况，请在表示程度的数字下的空格处打√。

项目	评价方法的使用情况 （1表示完全不使用，5表示经常使用）				
	1	2	3	4	5
课堂提问					
课堂作业					
课后作业					
平时测验					
正式考试					
行为观察					
听写					
口语测试					
朗诵演讲					
作文比赛					
量表					

续 表

项目	评价方法的使用情况 （1表示完全不使用，5表示经常使用）				
	1	2	3	4	5
量规（rubric）					
问卷					

三、学习评价的问题

15. 请对以下小学语文学习评价存在的问题进行判断，并在表示程度的数字下的空格处打√。

项目	对学习评价存在的问题的认同程度 （1表示完全不认同5表示非常认同）				
	1	2	3	4	5
评价目的单一					
注重语文的工具性而对人文性关注不够					
侧重于语文知识与技能评价，对学习态度与方法关注不够					
评价不及时					
评价主体不够多元化					
教师对学生学习评价的自主权不够					
对多样的评价类型不熟悉					
对评价工具的使用不熟悉					
评价工具可选择性小					
评价工具缺乏适配性					
对课外学习评价的关注不够					
侧重读、写对听、说的评价不够					
评价结果难以进行有针对性的反馈					

四、学习评价指标

16. 请判断下面的评价指标对于评价小学生语文学习的重要性，并在表示程度的数字下的空格处打√。

项目	评价指标	对评价语文学习的重要性程度（1表示完全不重要5表示非常重要）				
		1	2	3	4	5
"听"的能力评价	听的接收能力（听的意愿）					
	听的理解能力（能听懂）					
	听的复述能力（能复述听到的内容）					
	听的转化能力（转化到说、读、写上）					
"说"的能力评价	表达的意愿					
	表达清晰度					
	表达流畅度					
	表达的逻辑性					
	表达的贴切性					
"读"的能力评价	阅读的兴趣					
	阅读的速度					
	阅读的广度					
	阅读理解的准确性					
	识字量					
"写"的能力评价	写字的工整程度					
	写字的速度					
	对写作的热爱程度					
	写作的技巧性					
	写作的规范性					
	作文的创新性					

项目	评价指标	对评价语文学习的重要性程度（1表示完全不重要5表示非常重要）				
		1	2	3	4	5
学习态度评价	学习的主动性					
	学习的自主性					
	学习的计划性					
	学习的专注程度					
	纠正学习错误的意愿					
学习能力评价	识记能力					
	理解能力					
	分析综合能力					
	鉴赏评价能力					
	表达应用能力					
学习方法评价	知道有多种学习方法					
	懂得学习方法如何使用					
	能够综合使用多种学习方法					
	能够结合自身情况选择和改进学习方法					
学习结果评价	学业成绩					
	学习方法的掌握					
	情感态度价值观的培养					
	学习习惯的养成					
	学习的兴趣					

五、学习评价实施

17.科学实施语文学习评价面临的主要困难是（　　　）。【可多选】

A.关键性考试的标准的统一性　　　　B.教师作为评价主体的素养不够

C.教师的时间和精力问题　　　　D.评价工具的多样性问题

E. 评价指标的科学性问题　　　　F. 评价方法的适用性问题

G. 评价主体的多样性问题　　　　H. 家长对孩子学习成绩的期待

18. 在语文学习评价方面您希望得到哪些帮助（　　　）。【可多选】

A. 对评价工具、方法、流程进行培训

B. 从制度上保障教师对学生的评价的自主权

C. 自主或参与评价工具的开发

D. 缩小班额以便进行有针对性的评价

E. 减少专业之外的杂务，以便有时间和精力及时评价与反馈

F. 为开展多样化的评价提供经费支持

G. 利用现代信息技术手段协助进行评价

附录二　小学语文学习评价访谈提纲（初期）

老师，您好！我们目前正在做关于语文学习评价的课题，感谢您抽出宝贵时间接受访谈。这是这次访谈的提纲，我们的访谈只涉及学生语文学习评价的专业性问题，不会涉及您个人隐私，所有数据只用于课题研究。以下是本次访谈的问题：

1. 当前对小学生语文学习进行评价主要目的是？

2. 评价结果是如何使用的？

3. 当前的评价价值导向存在什么问题？

4. 当前小学语文常用的学习评价类型是

5. 当前对小学生语文学习最缺乏的是哪些类型的评价？

6. 当前对小学生语文学习进行评价的工具有哪些？这些工具存在什么问题？

7. 当前小学生语文学习评价工具应该怎样改进？

8. 当前对小学生语文学习评价常用方法有哪些？

9. 小学生语文学习评价方法应该怎样改进？

10. 对小学生语文学习进行评价，有没有用到学生自我评价？应该如何进行学生自我评价？

11. 对小学生语文学习进行评价，有没有用到家长评价？应该如何进行家长评价？

12. 小学生语文学习评价实施的频率一般是？您认为合适的频率是？

13. 当前对小学生语文学习主要评价的是哪些方面？

14. 小学生语文学习评价的实施方面存在的问题有哪些？

15. 您认为应该如何实施小学语文学习评价？

16. 您认为在理想的情况下，应该重点从哪些方面对小学生的语文学习进行评价？

17. 当前对小学生语文学习进行评价的评价指标存在哪些问题？

18. 您认为对小学生语文学习进行评价应该使用哪些指标？

附录三　小学语文学习评价访谈提纲(中期)

19. 我们调查发现有11%的老师认为学习评价对学生的学习没有多大帮助，您认为其原因何在？

20. 我们调查发现关于学习评价的目的，排在前的是"学习反馈""教学诊断"，据你了解学习评价结果是如何用于学习反馈的？如何用于教学诊断的？

21. 调查发现"诊断性评价""相对评价""形成性评价"是用得最多的三种评价类型，"诊断性评价"是如何使用的？"相对评价"是如何使用的？

22. 调查发现老师们对"个体内差异评价"是最了解的，那么在教学中是如何实施的？老师们对"绝对性评价"是最不了解的，是不了解没怎么用？还是经常用（例如期末考试）但对其含义不了解？

23. 据我们的调查，发现有47%的老师对《课程标准》的学段目标不怎么了解。您认为原因何在？

24. 评价方法的使用上，调查发现"量规""量表"是最不常用的两种方法，您认为原因何在？

25. 对学习评价存在的问题，排在第一位的是"对课外学习评价关注不够"，您认为原因何在？应该怎样评价课外学习？

26. 听的能力中有一项是"听的转化能力"，这种能力应该如何培养？

27. 调查发现老师们很关注"表达的清晰"，这种能力应该如何培养？

28. 对"读"的能力评价老师们很关注学生"阅读的兴趣"，阅读兴趣应如何培养？

29. 调查发现对于写，教师们更强调"写字的工整程度"而不是"写字的速度"，您怎么看待这两者的关系？如何培养学生写字工整的能力？

30. 对"学习态度"评价教师们更关注于"学习的主动性"，这种能力应如何培养？

31. "学习能力"的评价中，老师们对"理解能力"最重视，对"鉴赏评价能力"最不重视，您如何看待这种差异？

32. 对"学习结果"评价，教师们更关注"学习习惯的养成"，这种能力您认为应如何培养？

33. 调查发现学习评价面临的主要困难是"教师的时间和精力问题"，教师的精力和时间去哪里了？如何改进？

34. 调查发现40%多的教师认为评价主体素养不够是学习评价面临的另外一个问题，您认为应如何提高教师评价素养？

35. 对于评价方面需要得到的帮助，大多数教师最希望就评价工具、方法、流程进行培训；超过三分之一的教师希望自主或参与评价工具的开发。对评价工具等进行培训和开发，您的建议是？

附录四　小学语文学习评价指标问卷

尊敬的老师：

您好！本问卷不记名，调查结果只作学术研究之用。感谢您的参与，感谢您为学术研究所做的贡献！

请给下面的评价指标赋分（即权重），请直接填数字。比如，以一级指标"听"的能力为例，四项二级指标总分为100，请按照您的专业判断给每个指标赋分，比如听的接收能力20分、听的理解能力30、听的复述能力40分、听的转化能力10分。

一、基本信息题

1. 您所在学校所处的区域（　　　）。

A. 农村　　　　　　B. 乡镇　　　　　　C. 县城　　　　　　D. 市级城市

2. 您的教龄为（　　　）。

A. 3年以下　　　　B. 3～10年　　　　C. 11～20年　　　　D. 21年及以上

3. 您的职称是（　　　）。

A. 初级（三级教师、二级教师）

B. 中级（一级教师）

C. 高级（高级教师、正高级教师）

D. 未评定

二、学习评价指标权重赋值题

4. 小学生语文学习结果总体评价

	评价指标	权重
小学生语文学习结果总体评价	"听"的能力	
	"说"的能力	
	"读"的能力	
	"写"的能力	

5. 小学生"听"的能力评价

一级指标	二级指标	权重
"听"的能力	听的接收能力（听的意愿）	
	听的理解能力（能听懂）	
	听的复述能力（能复述听到的内容）	
	听的转化能力（转化到说、读、写上）	

6. 小学生"说"的能力评价

一级指标	二级指标	权重
"说"的能力	表达的意愿	
	表达清晰度	
	表达流畅度	
	表达的逻辑性	
	表达的贴切性	

7. 小学生"读"的能力评价

一级指标	二级指标	权重
"读"的能力	阅读的兴趣	
	阅读的速度	
	阅读的广度	
	阅读理解的准确性	
	识字量	

8. 小学生"写"的能力评价

一级指标	二级指标	权重
"写"的能力	写字的工整程度	
	写字的速度	
	对写作的热爱程度	
	写作的技巧性	
	写作的规范性	
	作文的创新性	

9. 小学生语文学习综合评价

小学生语文学习综合评价	评价指标	权重
	学习态度	
	学习能力 学习能力评价	
	学习方法	
	学习结果 学习结果评价	

10. 小学生语文学习态度评价

一级指标	二级指标	权重
学习态度	学习的主动性	
	学习的自主性	
	学习的计划性	
	学习的专注程度	
	纠正学习错误的意愿	

11. 小学生语文学习能力评价

一级指标	二级指标	权重
学习能力	识记能力	
	理解能力	
	分析综合能力	
	鉴赏评价能力	
	表达应用能力	

12. 小学生语文学习方法评价

一级指标	二级指标	权重
学习方法	知道有多种学习方法	
	懂得学习方法如何使用	
	能够综合使用多种学习方法	
	能够结合自身情况选择和改进学习方法	

13. 小学生语文学习结果评价

一级指标	二级指标	权重
学习结果	学业成绩	
	学习方法的掌握	
	情感态度价值观的养成	
	学习习惯的养成	
	学习的兴趣	

参 考 文 献

［1］李金云.语文学习评价研究［D］.兰州：西北师范大学，2003.

［2］许丁允.五年制大专生语文学习评价研究［D］.西安：陕西师范大学，2015.

［3］田甜.高中语文学习评价研究［D］.天水：天水师范学院，2018.

［4］高芳才.中学语文学习评价实践探索［D］.上海：华东师范大学，2009.

［5］郭高腾.高中语文学业真实性评价探索［D］.金华：浙江师范大学.2009.

［6］李娜.初中语文学习评价的行动研究［D］.临汾：山西师范大学，2013.

［7］张蕾.中等职业学校学生语文学习评价改革研究［D］.福州：福建师范大学，2014.

［8］林健英.小学低年级学生语文学习能力评价的实践研究［D］.上海：上海师范大学，2016.

［9］祝新华.促进学习的语文评估：基本理念与策略：principles and strategies ［M］.北京：人民教育出版社，2014：3-5，57-58.

［10］唐本双.从《标准》新理念看小学语文学习评价改革［J］.四川教育学院学报，2002，18（8）：38-40.

［11］徐岩，丁朝蓬，王利.新课程实施以来学生评价改革的回顾与思考［J］.课程·教材·教法，2012，32（3）：12-21.

［12］沈玉顺.课堂评价［M］.北京：北京师范大学出版社.2006：1-7.

［13］李玉芳.如何进行学生评价［M］.上海：华东师范大学出版社，2014：98.

［14］Tyler，Ralph W. Evaluation：a Challenge to Progressive Education［J］. Educational Research Bulletin，1935，14（1）：110.

［15］崔允漷，王少非，夏雪梅.基于标准的学生学业成就评价［M］.上海：华东师范大学出版社，2008：110.

［16］严育洪.新课程评价操作与案例［M］.北京：首都师范大学出版社，2010：99，156.

［17］薛炳群.小学语文有效教学评价［M］.济南：齐鲁书社，2007：13.

［18］李家栋.小学生语文能力评价研究新探［M］.济南：齐鲁书社，2007：76–90.

［19］李再广.论小学语文教学中阅读兴趣的培养［J］.华夏教师，2014（10）：38.

［20］李重.贾志敏语文教学艺术研究［M］.福州：福建教育出版社，2016：53–64.

［21］王雅萍，司亚飞.语文学习评价论［M］.北京：语文出版社，2018：126，298–299.

［22］刘新胜，严宇洁，郑连英，吕立想，韩莉莉.浅析小学生规范书写问题及培养策略［J］.教育教学论坛，2017（23）：241–242.

［23］陈平，朱敏.小学生学习主动性培养的实验研究［J］.教育研究，1995（11）：44–50.

［24］叶存铃.小学语文教学基本功讲座——第三讲培养小学生理解句子的能力［J］.师范教育，1993（12）：29–30.

［25］杨向东，崔允漷.课堂评价：促进学生的学习和发展［M］.上海：华东师范大学出版社，2012：10–12.

［26］章熊.中国当代写作与阅读测试［M］.四川：四川教育出版社，2000：385.

后 记

　　本书得以付梓，首先要感谢北京师范大学张锐教授。他是我攻读北京师范大学教育硕士学位时的导师，正是在他的引领下，我的研究兴趣转向课堂即时评价。其次要感谢上海师范大学王荣生教授，他是我参加上海师范大学举办的教育部首期领航教师培训时的首席导师，在他的殷切期盼与精心指导下，我才开始了课堂即时评价的深度研究。除此之外，我还要特别感谢海南师范大学陈文心教授、任仕君教授对本项研究的悉心指导，感谢参与调查和数据统计的海南师范大学研究生谢雯、刘璐、侯明明。

　　在本书的撰写过程中，我还得到了南京师范大学博导张乐天教授、上海师范大学李海林教授、南京晓庄学院教科院彭小虎博士、《语文教学通讯》小学刊主编裴海安先生的耐心指导和热情帮助。在此，向他们表达我最诚挚的谢意！

　　在本书的写作过程中，我参阅或引用了许多专家、学者的专著和文献，在此对原作者表示感谢。

　　由于时间紧促，加上水平有限，本书从整体框架到具体内容，还有很多地方有待进一步完善和改进，敬请同行批评指正。